甘肃省博物馆

绚丽丝路的瑰丽菁华

卢冬 徐睿 著

丝路物语书系

主编 李炳武

西安出版社

图书在版编目（CIP）数据

绚丽丝路的瑰丽菁华——甘肃省博物馆 / 李炳武主编. — 西安 ：西安出版社，2019.11（2024.4重印）
ISBN 978-7-5541-4357-5

Ⅰ. ①绚… Ⅱ. ①李… Ⅲ. ①博物馆－历史文物－介绍－甘肃 Ⅳ. ①K872.42

中国版本图书馆CIP数据核字(2019)第267875号

丝路物语 书系

绚丽丝路的瑰丽菁华
甘肃省博物馆
XUANLISILU DE GUILIJINGHUA
GANSUSHENG BOWUGUAN

出 版 人：屈炳耀
主　　编：李炳武
著　　者：卢　冬　徐　睿
策划编辑：李宗保　张正原
项目统筹：张正原
责任编辑：张正原
美术编辑：李南江
责任校对：曹改层
责任印制：尹　苗
出版发行：西安出版社
社　　址：西安市曲江新区
　　　　　雁南五路1868号影视演艺大厦11层
电　　话：（029）85253740
邮政编码：710061

印　　刷：三河市华东印刷有限公司
开　　本：787mm×1092mm　1/16
印　　张：14.75
字　　数：160千
版　　次：2019年11月第1版
印　　次：2024年4月第3次印刷
书　　号：ISBN 978-7-5541-4357-5
定　　价：78.00元

编委会

序一

阅读文物 拥抱文明

郑欣淼

文物所折射出的恒久魅力，已为越来越多的人所认识。今天呈现在读者面前的这部“丝路物语”书系，就是这一魅力的具体体现。

“让收藏在博物馆里的文物、陈列在广阔大地上的遗产、书写在古籍里的文字都活起来”（习近平语）。党的十八大以来，习近平总书记担负着实现中华民族伟大复兴的历史重任，饱含着对传统文化的深厚感情，让文物活起来始终为其所关注、所思考。让文物活起来，就是深入挖掘文物的内涵，充分发挥文物的作用。中国文物是中华民族的文明印记和精神标识，是全体中国人乃至全人类的珍贵财富；它对于激发人民群众对中华优秀传统文化的了解、认同和热爱，坚定文化自信，汇聚发展力量等作用是不言而喻的。

近年来，一些优秀的文物类书籍、综艺节目、纪录片、文化创意产品等不断涌现，文化遗产元素成为国家外交的桥梁，文物逐渐成为“网红”并受到越来越多年轻人的青睐，这些都充分彰显着“让文物活起来”已逐渐从理念转化为行动，那些在历史长河中积淀下来的文物珍存正在不断走近百姓、融入时代、面向世界。

说到文物，不能不把眼光聚焦于丝绸之路。人类社会交往的渴望推动了世界文明间的相互交融和渗透，中华文明与亚、欧、非三大洲的古代文明很早就发生接触，相互影响，相互交流。直到1877年，德国地理学家李希霍芬在他的著作《中国——我的旅行成果》里首次提出了“丝绸之路”的概念。近半个世纪以来，随着丝绸之路考古发现和学术研究的不断深入，极大地开阔了人们的视野。特别是“一带一路”倡议的全面推进，丝绸之路研究更成为国际显学。在古代文明交流史上，丝绸之路无疑是极其璀璨的一笔。它承载着千年古史，编织着四方文明。也正因为丝绸之路无与伦比的历史积淀，形成了独特的历史文化遗产，其数量之大、等级之高、类型之丰富、序列之完整、影响之深远，都是世所公认的。神秘悠远的古代城址、波澜壮阔的长城关隘烽燧遗址、精美绝伦的艺术品、气势磅礴的帝王陵墓、灿若星辰的宫观寺庙、瑰丽壮美的石窟寺……数不清道不尽的文物珍宝，足以使任何参观者流连忘返，叹为观止。2014年，“丝绸之路：长安—天山廊道的路网”成功跻身《世界文化遗产名录》，使丝绸之路迎来了新的历史机遇，也对广大文化文物工作者提出了新的要求。

“让文物说话，把历史智慧告诉人们。”这是习近平总书记的谆谆嘱托。中华文化优雅如斯，如何让文物说话，飞入寻常百姓家，是当下无数文化界人士亟待攻坚的课题，亦是他们光荣的使命。客观来讲，丝绸之路方面的论著硕果累累，但从一般读者角度，特别是从当下文化与旅游结合角度着眼的作品不多，十分需要一套全面系统地介绍丝绸之路文物故事的读物。令人欣喜的是，西安出版社组织策划了这套颇具规模的“丝路物语”书系，并由李炳武先生担任主编，弥补了这一缺憾。李炳武先生曾经长期在文物文化领域工作，也主持过“中华国宝·陕西珍贵文物集成”“长安学丛书”和《陕西文物旅游博览》等大型文物类图书的编纂工作，得到了业界的充分肯定；加之丛书的作者都是有专业素养的学者，从而保证了书稿的质量。

如何驾驭丝绸之路这样一个纵贯远古到当今、横贯地中海到华夏大地的话题，对于所有编写者来说，都是具有挑战性的。这套书的优点或者说特点，可以概括为以下几个方面：

这套书最大的一个优点，就是大而全。从宏观的视野，用简明的线条，对陆上丝绸之路的博物馆、大遗址进行了全景式梳理，精心遴选主要文物，这些国宝的历史、艺术和科学价值在字里行间一一呈现。

丝绸之路文化遗产类型丰富，作者在文中并没有局限于文物本身的解读，还根据文物的特点做了大量的知识拓展，包括服饰的流变，宗教的传播，马匹的驯化，葡萄等水果的东传，纸张的发明和不断改进，医学的发展，乐器、绘画、雕刻、建筑、织物、陶瓷等视觉艺术的交互影响，等等。其中既有交往的结果，也有战争的推动。总体而言，这些内容是讲述丝绸之路时所不可或缺的内容，使读者透过文物认识了丝绸之路丰富的文化内涵。

值得称道的是，这套书采取探索与普及相结合的方式，图文并茂，力求避免学究气的艰涩笔调，加入故事性、趣味性，使文字更具可读性，达到雅俗共赏的目的。通过图书这一载体，能够使读者静静地品味和欣赏这些文物，传达出对历史的沉思和感悟，完善自己对文物、丝绸之路和文化的认知。读过这套书后，相信读者都会开卷有益，收获多多，文物在我们眼中也将会是另一番面貌。

我们有幸正处于坚持以人民为中心的改革发展伟大时代，每一件文物，都维系着民族的精神，让文物活起来，定会深入人心、蔚为大观。此次李炳武先生请我写序，初颇踌躇，披卷读来，犹如一场旅行，神游历史时空之浩渺无垠，遐思华夏文化之博大精深。兼善天下，感物化人历来是每一个中国知识分子的精神所属，若序言能为一部作品锦上添花，得而为普及民众的文物保护意识起到促进作用，何乐而不为？

是为序。

序二

丝路物语话沧桑

李炳武

2013 年 9 月，中国国家主席习近平访问哈萨克斯坦时，在纳扎尔巴耶夫大学发表演讲，首次提出共同构建“丝绸之路经济带”的宏伟倡议。2014 年 6 月，“丝绸之路：长安——天山廊道的路网”成功跻身《世界文化遗产名录》。

丝绸之路是世界上路线最长、影响最大的文化线路。丝绸之路是指起始于古代中国的政治、经济、文化中心——古都长安（今西安）连接亚洲、非洲和欧洲的古代陆上商业贸易路线。它跨越陇山山脉，穿过河西走廊，通过玉门关和阳关，抵达新疆，沿绿洲和帕米尔高原通过中亚、西亚和北非，最终抵达非洲和欧洲，向南延伸到印度次大陆。这条伟大的道路沟通了中国、印度、希腊三大文明，全长一万多千米。它是一条东方与西方之间经济、政治、文化进行交流的主要道路，促进了欧亚大陆不同国家、不同文明之间在商贸、宗教、文化以及民族等方面的交流与融合，为人类社会的共同发展和繁荣做出了卓越贡献。

公元前 138 年，使者张骞受汉武帝派遣从陇西出发，出使月氏。13 年中，他的足迹踏遍天山南北和中亚、西亚各地。在随后的 2000 多年间，无数商贾、旅人沿着张骞的足迹，穿越驼铃叮当的沙漠、炊烟袅袅的草原、飞沙走石的戈壁，来往于各国之间，带来了印度、阿拉伯、波斯和欧洲的玻璃、红酒、马匹，宗教、科技和艺术，带走了中国的丝绸、漆器、瓷器和四大发明，举世闻名的丝绸之路渐渐形成。

用“丝绸之路”来形容古代中国与西方的文明交流，最早出自德国著名地理学家李希霍芬 1877 年所著的《中国——我的旅行成果》一书。由于这个命名贴切写实而又富有诗意，很快得到学术界的认可，并风靡世界。

近年来，丝绸之路迎来了新的历史机遇，沿丝绸之路寻访探秘的人络绎不绝。发展丝路经济，研究丝路文明，观赏丝路文物成了新时代的社会热潮。中央文化产业发展专项资金资助项目“丝路物语”书系，便应运而生。在本书和读者见面之际，作为长安学研究者、“丝路物语”书系的主编，就该书的选题范围、研究对象、编写特色及意义赘述于下：

“丝路物语”书系，以“丝绸之路：长安—天山廊道的路网”遗产及相关博物馆为选题范围。该遗产项目的线路跨度近 5000 千米，沿线包括了中心城镇遗迹、商贸城市、聚落遗迹、交通遗迹、宗教遗迹和关联遗迹五类代表性遗迹以及沿途丰富的特色地理环境。共计包括 3 个国家的 33 处遗产点，其中吉尔吉斯斯坦境内 3 处，哈萨克斯坦境内 8 处，中国境内 22 处。属丝绸之路东段的重要组成部分，在丝绸之路交通与交流体系中具有独特的起始地位和突出的代表性。它形成于公元前 2 世纪，兴盛于公元 6 至 14 世纪，沿用至 16 世纪，连接了东亚和中亚大陆上的中原地区、河西走廊、天山南北与七河地区四个地理区域，分布于今中华人民共和国、哈萨克斯坦共和国和吉尔吉斯斯坦共和国境内。沿线遗迹或壮观巍峨，或鬼斧神工，或华丽精美，见证了欧亚大陆在公元前 2 世纪至公元 16 世纪之间人类文明进步的重要阶段，以及在这段时间内多元文化并存的鲜明特色。

“丝路物语”书系，每册聚焦古丝绸之路上的一座博物馆、一处古遗址或一座石窟寺，力求立体全面地展示丝绸之路上的历史遗存、人文故事和风土人情。这是一套丝绸之路旅游观光的文化指南，从中可观赏到汉代桑蚕基地的鎏金铜蚕，饱览敦煌石窟飞天的婀娜多姿，聆听丝路古道上的声声驼铃。古丝绸之路是人类文明的宝贵遗产，记录着社会的沧桑巨变，这也是一部启封丝路文明的记忆之书。

“丝路物语”书系，以阐释文物为重点。文物是中华民族的精神标识。“让收藏在博物馆里的文物、陈列在广阔大地上的遗产、书写在古籍里的文字都活起来”。这对于激发人民群众对中华优秀传统文化的了解、认同和热爱，坚定文化自信，汇聚发展力量不可小觑。

文物是不可再生的国之珍宝，从中可折射出人类文明的恒久魅力。对文化的认同感与归属感应当成为一种生活状态。我们从梳理丝绸之路沿线博物馆馆藏文物、石窟寺或大遗址为契机，从文化的立场阐释文物的历史意义，每篇文章涵盖了文物信息的描述、历史背景的介绍、文物价值的分享和知识链接等板块，在聚焦视角上兼顾学术作品的思想层与通俗作品的故事层双重属性，清晰地再现文物从物质性到精神性的深层转变，着力探讨文物作为一种精神力量对历史的思考。用时空线索描绘丝绸之路的卓越风华，为读者梳理丝绸之路的文化影响，以文物揭示历史规律，彰显更深层、更本质的文化自信，激发读者的民族自豪感。“丝路物语”书系以文物为研究对象，从中甄选国宝菁华，讲述它们的前世今生。试图让读者从中感受始皇地下军团的烈烈秦风，惊叹西汉马踏匈奴的雄浑奔放，仰慕大唐《阙楼仪仗图》的盛世恢宏，这是一部积淀文化自信的启智之作。

“丝路物语”书系，以互动可读为特色。在大众传媒多元数字化的背景下，综合运用现代科技的引进更能推动文化传播的演变进入一个崭新的领域，相契于文字的解读，更透出传统文化的深邃意蕴。为多维度营造文化解读的可能性，吸引更多公众喜欢文物、阅读文物，“丝路物语”可谓设计精良，处处体现出反复构思、创新的态度。设计重点关注视觉交流的层面，借助丰富的图像资料和多媒体技术大幅强化传统文化元素可视、可听、可观的直接特征，有效提升文化遗产多维度的观感效果。古人著书立说重字画兼备，“宣物莫大于言，存形莫善于画”，所以由“图书”一词合称。本书系选用了大量专业文物图片，整体、局部、多角度展示，让读者在阅读文字之余通过精美的图片感受文化的震撼与感动，让读者更好地认知历史、感知经典，体验当代创新之趣。

“丝路物语”书系，以弘扬互利共赢的丝路精神为使命。“丝绸之路：长安—天山廊道的路网”在东亚古老的华夏文明中心和中亚历史悠久的区域性文明中心之间建立起长距离的交通联系，在游牧与定居、东亚与中亚等文明交流中具有重要意义，并见证了古代亚欧大陆人类文明与文化发展的主要脉络及若干重要历史阶段以及突出的多元文化特征，是人类进行长距离交通、商贸、文化、宗教、技术以及民族等方面长期交流与融合的文化线路杰出范例。

2000 多年前，我们的先辈筚路蓝缕，穿越草原沙漠，开辟出联通亚欧非的陆上丝绸之路。这不仅是一条通商易货之道，更是一条文化交流之路。沿着古丝绸之路，中国将丝绸、瓷器、漆器、铁器传到西方，也为中国带来了胡椒、亚麻、香料、葡萄、石榴。沿着古丝绸之路，佛教、伊斯兰教及阿拉伯的天文、历法、医药传入中国，中国的四大发明、养蚕技术也由此传向世界。更为重要的是，商品和文化交流带来了观念创新。比如，佛教源自印度，在中国却发扬光大，在东南亚得到传承。儒家文化起源于中国，却受到欧洲莱布尼茨、伏尔泰等思想家的推崇。这是交流的魅力，互鉴的成果。这些各国不同的异质文化，犹如新鲜血液注入华夏文化肌体，使脉搏跳动更为雄健有力。古丝绸之路绵亘万里，延续千年，积淀了以和平合作、开放包容、互学互鉴、互利共赢为核心的丝路精神。

新时代、新丝路、新长安。2017 年，习近平主席在“‘一带一路’国际合作高峰论坛”上指出：古丝绸之路是人类文明的宝贵遗产。为让这些遗产、文物鲜活起来，西安出版社策划出版的“丝路物语”书系，承载着别样的期许与厚望，旨在以丝绸之路的隽永品格对话当代社会的文化建构，以高度的文化自觉唤醒当代社会的文化自信。

我们作为丝绸之路起点长安的文化工作者，更应该饱含对传统文化的深厚感情，自觉担负起实现中华民族伟大复兴的历史重任，充分运用长安学的最新研究成果，为保护、研究和传承人类文明的宝贵遗产尽心尽力，助推“一带一路”伟大事业的蓬勃发展。

精品力作是出版社的立身之本，亦是文化工作者的社会担当。“丝路物语”书系的出版，凝聚着众多写作和编辑人员的思考与汗水。借此，特别感谢郑欣淼部长的热情赐序；感谢策划人、西安出版社社长屈炳耀先生的睿智选题与热情相邀；感谢相关遗址、博物馆领导的支持和富有专业素养的学者和摄影人员的精心创作；更要感谢西安出版社副总编辑李宗保和编辑张正原认真负责、卓有成效的工作。

“丝路物语”书系的出版虽为刍荛之议、管窥之见，但西安出版社聆听时代声音、承担时代使命以及致力于激活文化遗产、传播中国声音的决心定将引领其走向更远的未来。

是为序。

新石器时代·人头形器口彩陶瓶

甘肃省博物馆

目录

开篇词

『丝绸古道三千里，黄河文明八千年』，甘肃是丝绸之路的黄金地段，是大航海时代以前中国同西域地区乃至西方世界交流的必经之地，河西走廊上曾驼铃悠扬，千年回荡……历史给这里留下了无比璀璨的文明。坐落在黄河之滨的甘肃省博物馆，一个西部文明的殿堂，五千年散落的文明遗珠和那些定格的历史如历久弥新的佳酿依旧呈现精彩。

铜奔马

扬鞭只共鸟争飞

铜奔马的诱人之处，不在马和鸟的本身，而在大胆的想象和天才的铸造技能，为世界留下了一件罕见的艺术品。

马作奔腾，头微左偏，马头上饰雄胜，两耳如削，双目圆睁，鼻孔奋张，作昂首嘶鸣状。胸广臀圆，足细蹄阔，长尾飘举，三足腾空，右后蹄踏一展翅飞翔、回首惊呼的飞鸟。鸟的方形尾上有一凹坑，奔马以墨线勾勒鬃、须、唇、鼻、目、眉等处，口、鼻内涂朱红，牙涂白，眼内周角涂朱、眼珠涂白，黑墨点睛，然后视部位施彩以增强神态之生动效果，在马腹鞍边，残存有朱、白彩绘痕迹。奔马蹄踏飞鸟，表现出马行迅疾，在鸟惊回首的刹那，已经超越了刹那流星般飞行的鸟。全身着力点集中于超掠飞鸟的一足之上，鸟展开双翅，恰好起到了支撑平衡的作用，准确地把握了力学原理，铸造精美。

铜奔马

东汉（25—220）
通高34.5厘米，长45厘米，宽13.1厘米，重7.3千克
甘肃武威雷台汉墓出土

铜奔马（局部）

铜奔马发现于武威城北 2 公里处的雷台，在长方形的夯土台上坐落有雷台观，因其后殿中供奉有雷祖神像，因此，被称为“雷台”。1969 年 9 月，武威新鲜公社新鲜大队十三生产队社员在雷台下面南部开挖战备地道时，发现了一座墓葬。当时墓内遍地是排列整齐的铜车、铜马、铜人，旁边还有口棺木。

铜奔马的出现使各国艺术家感到震惊，千百万人交口称赞，在世界各地引起轰动。从此马踏飞燕名扬世界。据统计，自 1973 年 4 月至 1975 年 8 月间，铜奔马带着中国历史的辉煌，带着华夏民族的自豪，先后到法国、英国、日本、罗马尼亚、奥地利、前南斯拉夫、瑞典、墨西哥、加拿大、荷兰、比利时、美国等国家巡回展出，观众约500万人次。郭沫若先生为此泼墨挥毫写下了“四海盛赞铜奔马，人人争说金缕衣”的豪迈诗句，郭沫若也从此被视为铜奔马的伯乐。1983年铜奔马被确定为中国旅游标志。1992年邮电部发行一套纪念邮资明信片，邮资图以铜奔马为主图。1997年发行了《中国旅游年》纪念邮票，也以铜奔马为主图，并让它飞腾于长城之上，寓意深刻，耐人寻味。1996年联合国发行一套6枚邮票，其中也有铜奔马，向全世界展示了中国悠久的文化艺术。随着铜奔马知名度不断提高，学术界对铜奔马的研究也一度成为热门。它究竟是一匹什么样的马？两千年前的这个完美造型，为什么不是出现在文化昌盛的中原，而偏偏出现在偏远的古城武威？已故的清华大学教授、国际欧亚科学院院士李学勤认为：武威出土的铜奔马，是一件非常特殊的青铜器，它既不是一个实用的器物，也不是一个专门为殉葬而制作的一种随葬品，它所象征的这种形象，就是大家都说的天马，也就是“汗血马”。

关于它的命名和马蹄下的飞鸟，长期以来一直有着很多争论。主要有以下几种说法：一是“铜奔马”说。因为是由青铜制成，也称“青铜奔马”，这也是对这具铜马最直接的的定名，即简明的按照其质地（铜）、形态（奔）、性质用途（马）等要素给予概括。二是“马踏飞燕”说。虽然“铜奔马”的称谓比较直观明了，而另一种看法认为这具铜马俑的精妙之处是其蹄下一飞燕，仅以“奔马”名之，显然不足以表现其浪漫主义意境。因此，将其称为“马踏飞燕”，以表明奔马正在做凌空掠过燕背的飞驰，并得到了郭沫若先生的首肯之后，这个名字就广泛地流传开了。三是“马踏龙雀”说。针对“马踏飞燕”之说，有人提出了不同看法，认为铜马俑所踏飞鸟，从造型看不像是燕子，而是龙雀。因此，认为应该是“马踏龙雀”或“马超龙雀”。四是“飞燕骝”说。一提到马，人们很快想到奔腾如飞，而飞燕的速度同样也是无庸置疑的。历朝多有以燕喻良马之诗文，如南朝沈约诗有“紫燕光陆离”句，梁朝简文帝诗云：“紫燕跃武，赤兔越空。”二句中赤兔指良马，紫燕亦指良马。在古代，铜马足下的飞燕无疑是用来比喻良马之神速，这种造型让人一看便知其意。所以，铜马应直截了当取名为“紫燕骝”或“飞燕骝”，此名恰合古意，最为雅致贴切。五是“天马”说。持此说法的人认为，龙雀是风神，即飞廉，这是神鸟，岂能是奔马所踏之物？东汉张衡的《东京赋》中有“铜雀蟠婉，天马半汉”之句，是称皇宫内龙雀、天马两件对应的铜制陈列品。因此，这具铜马俑就是“天马”。《汉·礼乐志》中《西极天马之歌》曾记载：“天马足踩浮云，身可腾空飞驰”，奔马踏着飞燕，正是遐游空中的“天马”形象。六是“马神－天驷”说。有人提出“天马”在汉代专指大宛汗血马及与此有关的宫内陈列品。东汉明帝为置飞廉（即铜制“龙雀”）、铜马（即铜制“大马”）于洛阳，曾亲自出行迎取，甚至不惜下嫁宗室女子，或令大军征战，才求得汗血马，是谓“天马”，为此作《西极天马之歌》，为帝王条天礼乐之一，以歌颂汉家天子的功德。无论“天马”是指真马还是铜马，都只是皇室威仪的象征，臣民不可能享用。“天驷”指的是天上二十八星宿之东方苍龙七宿中的第四位星，名“房”，即“天驷”，亦称“马祖神”。秦汉以前人们都崇“天驷”为“马神”。自商周以来，征战中都少不了骏马，因而就产生了对马祖神的崇拜与祭祀。雷台汉墓主人张姓将军生前率骑戍边，死后殉葬铜制马神，当是很自然的事情。

对于这件铜奔马的名称，直至 2018 年 6 月，在甘肃省文物局的高度重视下，重新组织专家学者对铜奔马进行了科学地调研并作出了结论：“铜奔马”。然而，不管最终采用哪个名称，这具铜马俑终将是“中国古代艺术作品的高峰”，它的诱人之处，不在马和鸟的本身，而在大胆的想象和天才的铸造技能，为世界留下了一件罕见的艺术品。

1983 年，铜奔马被国家旅游局确定为中国旅游标志。1996 年，铜奔马被国家文物局专家鉴定组鉴定为国宝级文物。2002 年，铜奔马被国家文物局列入首批禁止出国展览的珍贵文物。这匹飞翔的马不仅是古代匠人的杰出之作，而且也成为了中国众多文物的代表，成为古老中华文明的象征。

“白马作”毛笔

功成在一毫

《笔偶》中称颂优质毛笔曰：“心性硬，覆毛薄，尖似椎，齐似凿。”这些品质在“白马作”毛笔身上均有体现。

汉代的毛笔，出土的仍不多见，而以甘肃省所出保存较好，这与甘肃省气候干燥、沙砾质土层较多的自然环境有关。其中，制作最精良，保存最完整，从而闻名于海内外的一支，便是现藏甘肃省博物馆的这支“白马作”毛笔。此笔出土于武威磨嘴子汉墓，被确定为“国宝级”文物，人们公认它是我国汉笔的代表性作品。

此笔通长 23.5 厘米，这正是汉制长度单位的一尺，与王充《论衡》所言“一尺之笔”的长度相合。笔杆长 21.9 厘米，竹质，精细匀正，中空，浅褐色。笔杆中下部阴刻隶书“白马作”三字，刀法工秀整齐。汉代仍保持着“物勒工名”的手工业传统，“白马”当为制作此笔的工匠名。笔杆

“白马作”毛笔

西汉（前206—25）
通长23.5厘米，杆径0.6厘米，笔头长1.6厘米
甘肃武威磨嘴子汉墓出土

包头处略有收分，笔头长 1.6 厘米，外覆较软的黄褐色毛，笔芯及锋用较硬的紫黑色毛，刚柔相济，富有弹性，已具备了古人对一支好笔所要求的“尖、齐、圆、健”四个条件，即所谓“笔之四德”，很适宜在竹、木质地的简牍上书写。《笔偶》中称颂优质毛笔曰：“心性硬，覆毛薄，尖似椎，齐似凿。”这些品质在“白马作”毛笔身上均有体现。其制作方式，与前述长沙左家公山战国笔相比，已进步得多，而与湖北云梦睡虎地所出秦笔同式。杆前端掏空以纳笔头，深度约 0.8 厘米，密扎丝线，再髹漆以加固，整体笔形已与今笔无异。

汉字书法艺术，可以说是东方文化园囿中的一朵奇葩，它把线条所能显示出的动态美感和意念境界挥洒到了极致。汉字书法的无穷魅力，首先来自汉字独特的形体结构，决定性因素当然还在于书写者的文化修养、精神气质和表现技巧。然而，我们也必须承认，书法同书写工具有重要关系。毛笔的发明，是我们祖先对文化事业的一大贡献。没有毛笔便没有汉字书法艺术，毛笔与汉字有着不解之缘。二者相辅相成，彼此倾注了无限生命力。

作为书写工具，毛笔绵软易操，运作畅酣，来去自如。行迹可粗可细，可聚可蘖，且能随意蓄墨，掌握浓淡，极便于使用。一支优质毛笔，毫内藏骨，绵中含刚，挺柔放收，任情转换。书者控于掌中，可倾可立，可逸可锋，可郁可枯，可挥可凝。运笔时又有中侧、方圆、藏露、内擫、外拓等手法变化，写出各种笔态、笔势、笔意，进而形成铺毫、结体和章法三重境界。肥磷瘦金，龙飞凤舞，千姿百媚，风韵无限。加以汉字书写方式在漫长的演进过程中，孕育了篆、隶、楷、行、草等书体，每种书体各有其风骨妍态，这就更扩大了书法的表现幅度，丰富了运笔的技巧内容，为毛笔的纸上驰骋开辟了更广阔的天地。

过去有人认为毛笔是秦代名将蒙恬创制的，如今已无人相信这种旧说了。因为大量事实表明，远在蒙恬以前很久，毛笔即已被广泛使用。新石器时代的先民绘制彩陶使用什么工具，目前尚无实物以做确证，但据其彩绘笔画特征推测，当已经在使用毛笔。著名彩陶专家张朋川先生在其主编的《黄河彩陶》中说过这样一些话："在彩陶上用什么工具进行彩绘是正在探讨的问题，但从黄河流域距今 6000 年左右的彩陶纹样的画迹来看，已经使用各种类型的毛笔进行绘画。用宽扁的笔画出宽带纹，以尖锋的细笔画出有着粗细变化的线条。在一些彩陶上，用遒劲凝练的长线条画花纹，应是用含水量大又有凝聚力的长锋硬毫毛笔画成的。可以认为，黄河流域的先民较早地制作出性能优良的毛笔，并出色地掌握了运用毛笔的技巧，这对以后中国绘画以尖锋毛笔为主要的书写和绘画工具有着决定性的意义。"商代盛行用龟甲和兽骨进行占卜，其占卜记录通常需刻示在甲、骨上。刻前要先用朱或黑在甲、骨上书写，然后依笔迹用刀。从残留的尚未经契刻的文字笔画观察，可知当时已使用毛笔无疑。

未简化的汉字"笔"，是竹字头下一个"聿"字，此字在甲骨文中即为人手持毛笔的形象。史载孔子作《春秋》："笔则笔，削则削。"所谓"削"是一种文具，即刮字的小刀。当时写文章是用毛笔书写在竹简上，如需修改删除，则用小刀把简上的字刮掉。《国语·晋语》记士茁与赵襄子的对话，有“臣以秉笔事君”之语。这都表明当时毛笔已成为通行的书写工具。可惜由于时代过于久远，春秋以前的毛笔实物迄今尚未发现。目前所见最早的毛笔是战国时期的，即 1954 年出土于湖南长沙左家公山战国墓葬中的那支毛笔。笔杆用竹制作，笔头用的是兔箭毛。制作方法是将竹杆端部劈开，把理顺的毛束夹在其中，然后用线缠绕，再涂以漆。笔毫劲挺，刚柔适度。

汉代『簪笔』

汉代官员们常将未蘸过墨，或用后洗净的毛笔尾端，横插入发中或冠上，以便随时取用，俗称“簪白笔”。

习行日久，遂成一种风俗。文吏们的这种风习，战国时即已存在。褚少孙所补《史记·西门豹传》载西门豹治邺祭河伯，投“三老”入河中向河伯通报的故事，云“西门豹簪笔磬折，向河立待良久”。《正义》曰：“簪笔，谓以毛装簪头，长五寸，插在冠前，谓之为笔，言插笔备礼也。”《正义》所言，已经不是实用之笔，而纯为一种装饰物了，即以毛饰簪而像笔。“白马作”之尾端削为钝尖，显然是为了便于簪插；且其出土时的位置，正在墓主人头部之左侧，表明入殓时笔即簪头上。这可作为汉代文职官吏“簪笔”之制的印证。

《报父母恩重经变》图轴

敦煌藏经洞遗宝

这幅经变画继承了唐代壁画的传统，既有唐的雍容华贵，又有宋的秀美俊俏，构图上做到了统而不滞，活而不乱，是国内现存的不可多得的珍品。

这件图轴是根据唐人伪经《报父母恩重经》创作的大幅绢本经变故事画。以蓝色和绿色为衬底，施以红色及石青、白粉、金粉等近十种颜料而绘，除表现内容情节的110多个人物形象外，配以日月、山水、建筑、花草等，画幅宽大，内容丰富，运笔流畅，色彩绚丽，是敦煌莫高窟所出佛教题材美术作品中的上乘之作。《报父母恩重经变》画面内容自上而下可分为这几个部分：

第一部分，即画面的最上面为一排七身结跏坐佛像，各身着半披肩大衣，各有圆形项光和背光。七身佛像的左侧均有题名榜书，自左至右依次为“南无毗婆尸佛”“南无尸弃佛”“南无毗合浮佛”“南无拘留孙佛”“南

《报父母恩重经变》图轴

宋（960—1127）
高182厘米，宽127厘米
甘肃敦煌莫高窟藏经洞出土

《报父母恩重经变》图轴（局部）

无拘那含牟尼佛”“南无迦叶佛”“南无释迦牟尼佛”。

第二部分，紧接上面的七佛，中间绘六角楼阁，中坐佛一躯。楼阁左右两边分别站立比丘和比丘尼各一身，作合掌礼拜状。在两边各为一中式三层宝塔。再两边绘制了驾乘祥云腾空而降的“佛宝”，并各书题榜。左侧题“藏宝”者，绘一顶雕花箧，内置如意宝珠；题“珠宝”者，绘一背驮闪光之物的白马奔驰；题“兵宝”者，绘一着甲武士双膝跪地作礼佛状，另有一着红袍文官坐云而上，跪地拜佛。右侧题“玉女宝”者，绘一着红衣戴凤冠的少女双手合十跪地礼佛；题“象宝”者，绘一象背披花毯、驮宝珠；题“轮宝”者，绘莲花台上置一金轮。中间的六角阁楼，应该是“慈氏塔”，中间所绘佛像应该是弥勒菩萨，又称“慈氏”，即大乘佛典中所谓将于未来成道和降生于世的弥勒菩萨。楼阁和宝塔两边的“佛宝”，就是佛教中的“七宝”，即转轮圣王所拥有的七种宝。转轮圣王依佛典所载，系指成就七宝、具足四德、统一须弥四洲、以正法治世的大帝王，为佛教政治理想中的统治者。佛典中常记载，在理想国王（转轮圣王）出现时，会有“七宝”自然出现，以辅助该王教化百姓，行菩萨道。此“七宝”即轮宝、象宝、马宝、珠宝、女宝、藏宝（又称主藏宝、居士宝）与兵宝（又称典兵宝、主兵臣宝、将军）。所以第二部分画面反映的主题还是弥勒降生与转轮圣王治世。如果将第一、二部分的内容看作是一个主题，那就是七佛寂灭后弥勒下生与转轮圣王。

画面第三部分的内容应该是这幅画的主题：“报父母恩重经变”。其布局是以佛说法图为中心，图下正中书《报父母恩重经变》经文（节录）及听法四众，说法图与经文两边以连环画的形式绘十五幅表现父母养育之恩的经文情节，其中四众听法与报恩故事情节均有榜书。这些画面组成一幅完整意义上的佛说法图（经变），所说及所听之法即《报父母恩重经》。

说法图的主尊佛、菩萨为“西方三圣”：郑重的阿弥陀佛身着半披肩大衣，半结跏坐于莲花座上，肉身金色，是说法印，身后为火焰纹光头与三角纹背光，神情庄重，面目慈祥；两边的观世音菩萨和大势至菩萨各坐莲台，头戴金色宝冠，上身及腹部袒露，项挂璎珞，臂饰玉钏，体态丰腴，面部圆润丰满，细眉长眼，高鼻小唇，表情庄严镇定，和蔼可亲。“三圣”身后均竖二层豪华伞幢，“三圣”周围簇拥十四身菩萨，佛座两边及前方为十大弟子，这些菩萨和弟子均双手合十作礼佛状，身后均有头光，部分菩萨绘有背光。其中佛座前方的四位弟子前方供桌上，中间放置一金色香炉，两边各放置金灯一盏。

经变文是节录其中部分文句而成，而有关孝亲题材的经变，多见于唐代以后，所以经文的成熟时代不会过早。“绘佛邈真”取“上图佛会，下邈真仪”之义，把宣扬佛法同报父母恩结合在一起，绘画了父母养育孩子的过程，如怀胎、哺育、摇摇篮、嬉戏、教育等画面。我们可以看到画面上的人物形象生动，故事段落分明，可能是俗讲大师讲经时使用的挂图。《报父母恩重经变》的出现，能够看出佛教在中国的发展过程，即进一步民族化、世俗化。中国传统儒家思想提倡的是“孝为百行之首”；而早期的佛教主张“不事二亲”“等禽气于已亲”，这一点从佛经故事“萨陲那太子舍身饲虎”和“尸毗王割肉救鸽”里就能看出来，当然佛教中也没有“君臣之义，父子之情”，必然要遭到儒家思想的反对，不利于佛教的存在和传播。所以佛教不得不向儒家让步，把伦理道德融合到教义中去。唐早中期出现了《报恩经》，有孝养品、善友品、恶友品等，唐晚期出现《报父母恩重经》，并有较大量的《报父母恩重经变》壁画出现，这就表明佛教为进一步适合中国国情，求得发展，把孝道纳入自家的教义中来，把释迦牟尼同孔子并列为圣人。我国保存下来的古代佛教以壁画为主，绢本画为数不多，这幅经变画就继承了唐代壁画的传统，既有唐的雍容华贵，又有宋的秀美俊俏，构图上做到了统而不滞，活而不乱。使用颜料有石青、石绿、朱砂、赭石、白粉、金粉等，虽历经千年仍色泽鲜艳。我们可以说《报父母恩重经变》图轴的年代之早、有明确纪年、颜色鲜艳、保存完整以及“最早的有人物有山水的连环画”成就了它的国宝风范，也是国内现存的不可多得的珍品。

《大般涅槃经·迦叶菩萨品之二》卷

字字珠玑

整卷书体匀整自持，闲雅端丽，笔画风姿绰约，内含骨力，清劲而又不失丰润，一万多字始终如一不失行次，可谓字里金生，行间玉润，明媚相成，疏密相间，于至微至妙之处，神应思彻。

《大般涅槃经·迦叶菩萨品之二》出自甘肃敦煌莫高窟藏经洞。此写经纵 23.3 厘米，横 1173 厘米。用硬黄麻纸 24 张书写，共 672 行，每纸容 28 行，每行 17 字，有乌丝界栏，保存完好，有轴。卷首题“大般涅槃经迦叶菩萨品之二”，卷尾题“大般涅槃经卷第三十二”。卷首下方有观款：“民国三十二年十月三十日于右任敬观”。纸质甚佳，入潢后打蜡砑光，厚实平整。楷书修整自持，端庄严谨，数千字始终如一，不失行次。精美绝伦，字字珠玑，堪称唐代写经的典范之作。经文中“世”字缺笔，“愍”字中的“民”也缺笔，是避太宗李世民之讳，当为高宗年间所写。

《大般涅槃经》为我国佛教天台宗所依经论之一，是宣说如来常住、

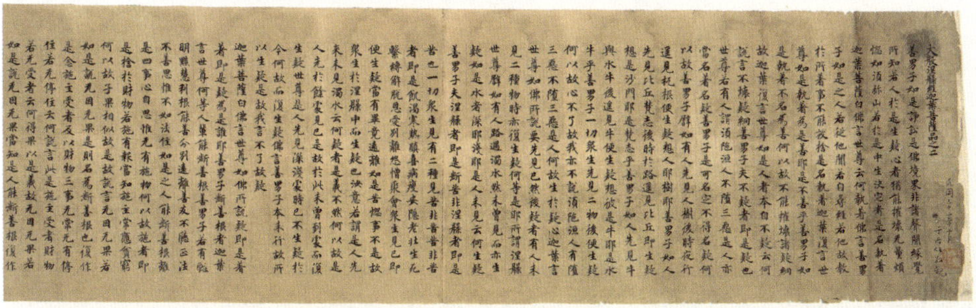

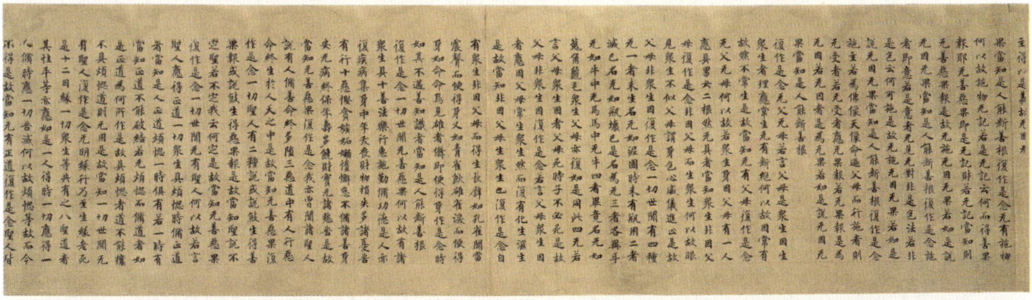

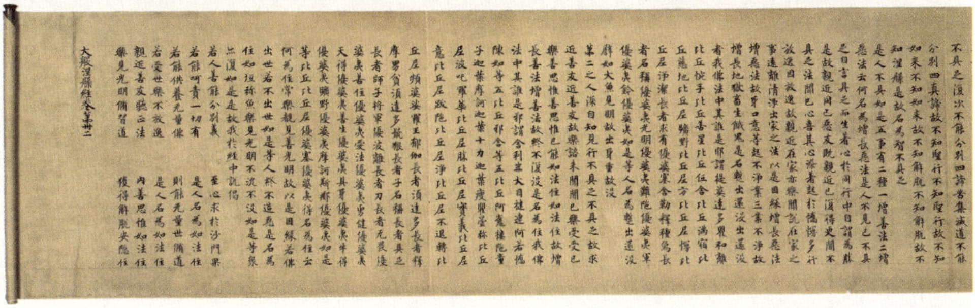

《大般涅槃经·迦叶菩萨品之二》卷

唐（618—907）

纵23.3厘米，横1173厘米

甘肃敦煌莫高窟藏经洞出土

众生悉有佛性，阐提成佛教义的大乘经典，为北凉时期著名佛教高僧昙无谶在凉州所译。根据佛教史籍的记载，属大乘《涅槃经》的译本，不下数十种。以昙无谶所译而言，原书共35000偈，60余万言，译本删为1万余偈，约为原书三分之一。此本传至扬州，慧观等人以为此本品数疏简，初学者难以厝怀，乃依《泥洹》本加以品目，成36卷本。此外，智猛至华氏国阿育王旧都罗阅家得《大泥洹》梵本，还于凉州出得20卷，昙觉共威德于阗亦得一梵本，道经玉门于凉州译出也是20卷。两个本子卷数虽同，而来源不一，并行于世而不相妨。《涅槃经》译本之多，说明此经影响之大。从以上所知凉州至少有昙无谶、智猛、昙觉等三译本出于此地，可见当时的北凉在我国佛教传播中所处的地位。《大般涅槃经》是凉州所出经典之最重要者，也是4至5世纪时我国佛教史上的一件大事。昙无谶所译的大乘《涅槃经》是大乘中观宗重要的典籍，乃中国之所谓涅槃宗之根本经典。《大般涅槃经》阐发"一阐提人"，皆得成佛的学说，说一切人皆有佛性，开中国大乘佛教之一派，重要之极。这些经译出不久，就流入中原，对佛教的传播产生了重大而深远的影响。据《释迦方志·教相篇》载，昙无谶持《涅槃经》于凉土后，"盗者夜窃，举而不超，稽首谢焉"，说明当时《涅槃经》已引起僧俗的高度重视。《出三藏记集》曰：大般涅槃经者，盖是法身之玄堂，正堂之实称，众经之渊镜，万流之宗极。可见昙无谶在凉州所译的《大般涅槃经》在我国佛教文化传播中所产生的深远影响。

该卷是唐代写经中的上品。整卷书体匀整自持，闲雅端丽，笔画风姿绰约，内含骨力，清劲而又不失丰润，一万多字始终如一不失行次，可谓字里金生，行间玉润，明媚相成，疏密相间，于至微至妙之处，神应思彻。苏东坡曾说：“真书难于飘扬，草书难于严重”。道出了书法审美中的更高境界，亦即楷书不仅要方平、等分，整齐划，还要顾盼呼应，灵动和谐，这里的飘扬，实即韵律、情致。此卷写经写得既规范好认，又不呆板拘谨，正是挺然秀出，情弛神纵，可谓有姿有韵，有情有味。其品位之高，成就之卓，可与《多宝塔碑》媲美。民国三十二年（1943）于右任先生题识中的一个“敬”字，流溢出他对一千三百多年前无名写经生作品的激赏和崇敬。因此，该经对研究当时的佛学具有重要的历史价值，提供了重要的实物资料。

《法句经》原始佛教思想经典

《法句经》之所以被世界学者看重，乃是因为它与原始佛教思想接近，既是佛经的蒙学读物，又是深研原始佛教思想必要经典。

这件珍贵的经文质地为泛黄的白麻纸，用隶书缮抄《道行品法句经》第三十八、《泥洹品法句经》第三十九两品经文。前有剪截痕，仅存后半，起“闻如前不”，尾书“一校竟”。经文共65行，每行16字至30字不等。末有题纪二则：“升平十二年沙弥净明”；“咸安三年十月二十日沙弥净明诵习法句起”。记录了沙弥净明于升平十二年（368）和咸安三年（373）的两次诵经记录，是所知现存敦煌文献中最早的经卷写本，书体显示了简牍书体向经卷书体过渡的字体特色，展现了“经书体”楷法初期的特有风姿。这部写经诞生于东晋十六国时期前凉君主张天锡当政时，前凉张氏在河西地域建国后，一直奉晋正朔，先奉建兴年号至四十八年，又用咸安年号至

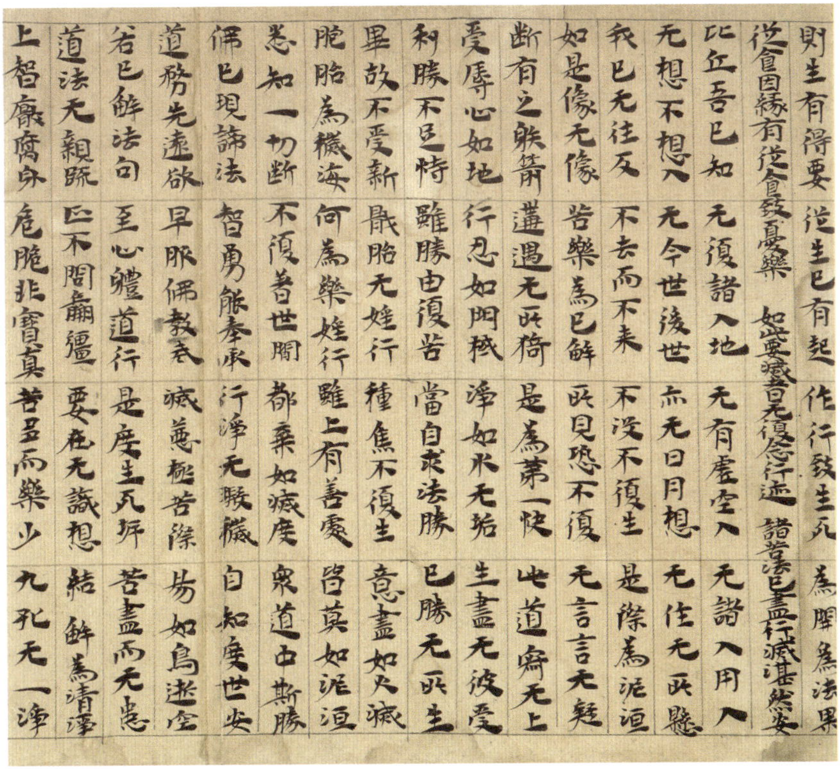
則生有得要　從生已有起　作行致生死　為聞為法果
從食因緣有　從食致憂樂　如是要滅者　无復念行迹　諸苦法已盡　行滅湛然安
比丘吾已知　无復諸入地　无有虛空入　无諸入用入
无想不想入　无今世後世　亦无日月想　无往无所懸
我已无往反　不去而不來　不沒不復生　是際為泥洹
如是像无像　苦樂為已解　所見恐不復　无言言无疑
斷有之射箭　遭過无所猗　是為第一快　此道寂无上
受辱心如地　行忍如門閾　淨如水无垢　生盡无彼受
利勝不足恃　雖勝由復苦　當自求法勝　已勝无所生
畢故不受新　猒胎无婬行　種焦不復生　意盡如火滅
胞胎為穢海　何為樂婬行　雖上有善處　皆莫如泥洹
悉知一切斷　不復著世間　都棄如滅度　眾道中斯勝
佛以現諦法　智勇能奉持　行淨无瑕穢　自知度世安
道務先遠欲　早服佛教戒　滅惡極苦際　易如鳥逝空
若已解法句　至心體道行　是度生死岸　苦盡而无患
道法无親疏　正不問羸纏　要在无識想　結解為清淨
上智饜腐身　危脆非實真　苦多而樂少　九死无一淨

《法句经》（局部）

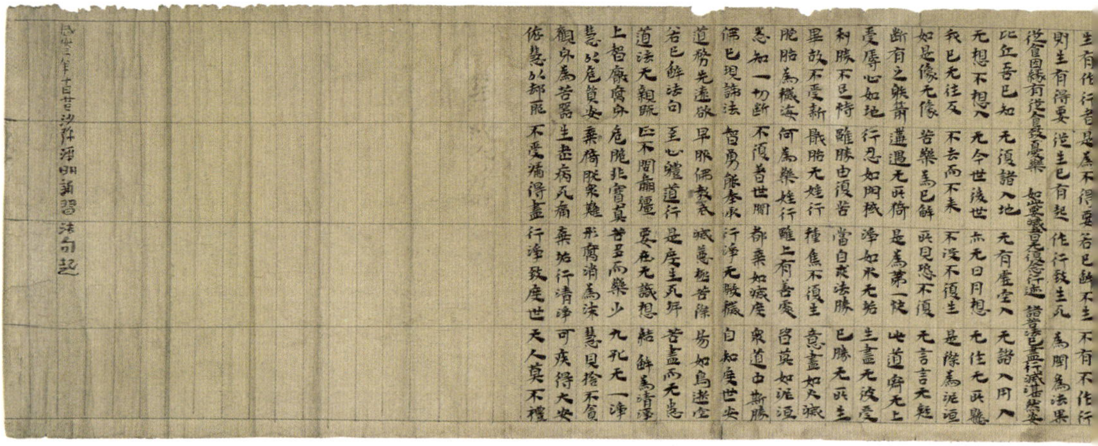

六年，表示不忘晋室。公元三世纪以前的早期写经，保存至今的极为罕见。

《法句经》是从佛经中录出的偈颂集。法句，或译法迹。法，是佛弟子所行与所证的。迹，是形迹，足迹。依足迹去寻求，可以得知所到的地方。引申此义，聚集多“名”，能因此而圆满地诠表意义，即为句。《法句经》摘录诸经中佛陀随缘应机为僧俗弟子所说的法语编集而成。因为易于记诵流传，长久以来，一直被南传佛教国家视为佛法的精髓，智慧的宝

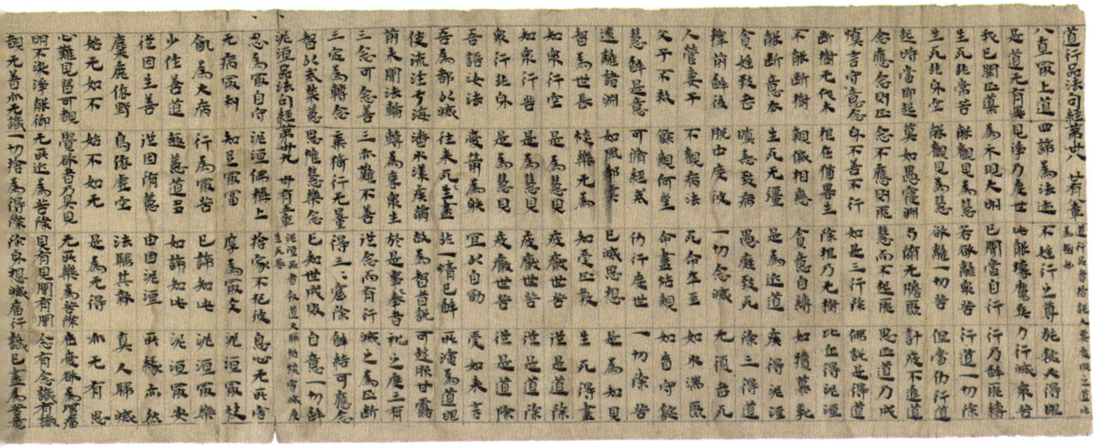

《法句经》

东晋（317—420）
卷高27.4厘米，残长641厘米，纸单张长46厘米
甘肃敦煌莫高窟藏经洞出土

库，是修学佛道的入门书。本经原本有一千颂、九百颂、七百颂、五百颂等数种，高僧维只难所译属五百颂，共计二十六品，后又增加十三品，合为三十九品七五二颂（现行本今计有七五八颂）。尽管该经典是佛灭后若干世纪编纂起来的，但其中的绝大部分偈颂无疑是佛祖所说的，或曰反映佛祖自己的思想。《法句经》既是佛经的启蒙读物，又是深研原始佛教思想的必要经典。

《仪礼简》入仕必修教材

这是目前所见《仪礼》的最古写本，在版本校勘上有很高的价值，且书写工整秀丽，是汉代墨写隶书的上品。

磨嘴子汉墓群位于甘肃武威城南约 15 公里处。从杂木河岸台地的东部直至祁连山麓，在东西长约 300 米，南北宽约 200 米的地带内，密集分布着 200 余座汉代墓葬。后来被定为国宝级文物的《仪礼简》，即出土于该地的六号墓中。

六号墓是一座夫妇合葬的小型单室土洞墓。随葬物中有莽币“大泉五十”12 枚，所出土木简背面有署“河平”年号的记事文字一行。“河平”系西汉成帝年号，前后仅 4 年（前 28 至前 25），此为墓主生时所经历的年代。由此可推知，此墓的下限当在新莽时期。简册顺置于男棺盖的前端，分木质和竹质两种，共 496 支，编为三本，我们以甲、乙、丙分别称之。

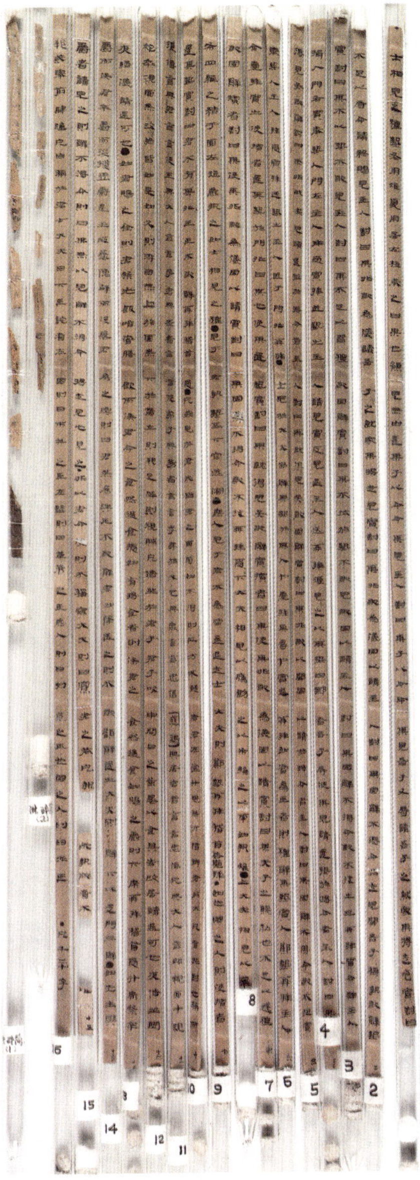

《仪礼简》

西汉（前206—25）
长51～56厘米，宽0.5～0.8厘米
甘肃武威磨嘴子汉墓出土

士相見之禮摯冬用雉夏用居左
不足以辱命請終賜見主人對曰
賓對曰某不以摯不敢見主人對
揖入門右賓奉摯入門左主人拜
得見矣敢辭對曰某非敢求見請
奉摯入主人拜受賓拜送摯出主
命賓拜賓出使擯者還其摯於門
敢固辭擯者對曰某使某非敢爲
布四維之結于面左頭麛執之如
《仪礼简》

简面有勾画圈点的记号，当为墓主生前习诵的抄本。从编绳遗痕和书写的情况可知，乃先编后写。甲、乙本编绳四道，丙本编绳五道。每简正面书字一行。甲本简宽字大，每简容60字为度；乙本简狭字小，每简容百余字，最多者达123字；丙本分章书写，每章另起行，故各简容字大有出入，多者60余字，少者20余字。三本共书27332字。甲本内容包括存世《仪礼》十七篇中的七篇：《士相见之礼第三》《服传第八》《特牲第十》《少牢第十一》《有司第十二》《燕礼第十三》《泰射第十四》。乙本内容为《服传》一篇。丙本内容为《服传》篇别名《丧服》的一篇。各篇首尾俱全，篇首皆题记篇名与篇次，中间虽缺失24简，但总体保存完好。简材质地与制作皆较精细，木简中的大部分出土后光洁如新，令人惊叹不已。

《仪礼》是先秦儒家最重要的经典之一，它详细记述周代贵族阶层冠、婚、丧、祭、饮、射、朝、聘等各项礼仪和准则，反映了当时上层社会生活诸领域中的习俗、制度与道德规范，为贵族子弟们入仕前的必修教材。《仪礼》乃晋以后的书名，在先秦本来只称《礼》，至西汉，又称《士礼》或《礼经》。西汉《礼》学属今文经学的体系，是由鲁国著名学者高堂生传授下来的。《汉书·艺文志》载："汉兴，鲁高堂生传《士礼》十七篇。讫孝宣世，后仓最明。戴德、戴圣、庆普皆其弟子，三家立于学官。"《汉书·儒林传》亦言"《礼》有大戴、小戴、庆氏之学"。东汉时经学中今文学派与古文学派阵线分明，斗争十分激烈。一代大儒郑玄，分别取今、古文之长，融两大学派于一体。揭开了中国学术发展史上新的一页。《后汉书·董钧传》对此作了简要的说明："玄本习小戴礼，后以古经校之，取其义长者，故为郑氏学。"我们今天所见到的清代刊本《十三经注疏》中的《仪礼》，即郑玄所注本，它兼容今文与古文，已非西汉立于学官的三家所传《士礼》的原貌。而磨嘴子汉墓所出简本《仪礼》，据陈梦家先生考证，系未糅合今、古文以前的西汉晚期立于学官的今文经本，很可能就是后来在东汉初年又曾盛行过的庆氏《礼》的一部分。庆普之《礼》学，乃后仓氏《礼》学的嫡传，故由此简本可窥知西汉后仓氏《礼》的规模及风貌。这是迄今我们所见到的时代最早的手写本经籍，其珍贵是不言而喻的。它不仅在经籍版本校勘、古文字形体研究与简册制度考察等方面有极高的价值，还能帮助我们了解、验证经学史上许多值得重视的问题。

丙本《丧服》保存了完整的经文和记文，与今存世本内容相同；甲、乙本与今存世本相较，也只在文字上及某些记文的繁简上有些差异。由此可知，传世《仪礼》虽经郑玄作过一番兼采古、今文之长的整理，而基本未失后仓氏所传今文《礼》之旧貌。此经当时并非今、古文两大派别斗争的焦点所在，故在经文传授上今、古文内容并无太大的区别。《汉书·艺文志》说西汉中期出世的古文《礼经》"与十七篇文相似"，看来是可信的。汉代有被经师和学子们极为看重的谓"章句之学"，《论衡·正说》曰："夫经之有篇也犹有章句也；有章句，犹有文字也。文字有意以立句，句有数以连章，章有体以成篇，篇则章句之大者也。谓篇有所法，是谓章句复有所法也。"互校甲、乙、丙三种本子的《服传》与《丧服》，我们很容易看出当时对篇、章、句的讲求。首先，经与记是被明确断开的，记文另起一简，以特殊符号标之。其次，经文每章也必另简开始，简音记以圆点或圆圈，章末留空。再次，简中用小圆点定句（节）。

磨嘴子汉墓所出简本《仪礼》，是由许多书手抄写而成的，在书写水平与走笔风格上，自然各有差异，而且也有不少简率之作。但总体来说，书写得很认真，结构规范，字态端正，其中不乏古代书法之珍品。文字形体已完全摆脱篆体框架，笔态扁匀，蚕头燕尾，逆入平出，已具成熟隶书的雍容气象。金文至西汉已呈衰竭之势，数量不多，且多为小篆，不能代表当时的书法风格。而西汉的文字石刻，流传至今世者，更是凤毛麟角。保存较多而又能体现西汉书法神采的，唯有简册上的墨迹。磨嘴子简本《仪礼》，最晚亦当写于西汉成帝年间，当时的书手们已有如此卓越的造诣，这在中国书法艺术史上是值得大书特书的。

八思巴文虎符圆牌

国际通行证

字态端雅肃正，疏密得体，系环牢固而灵活，虎纹细密而流畅，嵌技精巧而纯熟，从造型设计到制作工艺，水平均达到了相当高的境界，是元王朝符节制度的实物史证。

这件圆牌为铁质，文字为银质。两面镶嵌凸起的元朝官方文字八思巴文正体字五行，一正一反，意为“上天眷命，皇帝圣旨。如不钦奉虔敬，治罪。”制作工艺精细。这面银字圆虎牌，是朝廷或诸王公为军情急务遣使者所用的信物。

在我国历代封建王朝中，元代版图最为辽阔，“北逾阴山，西极流沙，东尽辽左，南越海表”，《元史·地理志》的概述绝非虚言。管理如此广阔的国土，必须以畅达的交通为前提。元朝政府对此极为重视，最关键的措施便是在全国范围内普设水陆两类驿站（正名为“站赤”），仅《元史·兵志》中有明确记载的，即达 1300 余处。这些驿站遍及域内，星罗棋布。

八思巴文虎符圆牌

元（1206—1368）
通高18厘米，直径11.7厘米，重249克要水陆通道联结成完整的网络，迎送使者，传递政令，交流信息，转运物资，对帝国的生存和发展起着至关重要的作用。驿站外还为处理军国要务而特设“急递铺”，在主要通道上每隔 15 里或 25 里置铺，“以达四方文书之往来”，有铺兵专司急件的传递，一昼夜可行 400 里。元代庞大而细密的道路、驿站、递铺配套的交通体系，由于管理严格，效率是很高的，“于是四方往来之使，止则有馆舍，顿则有供帐，饥渴则有饮食，而梯航毕达，海宇会同。元之天下，视前代所以为极盛也”。交通发达，驿传快捷，还应辅以符节检验制度，否则使者无凭，文书难核，也就谈不上军国要务的保密性和神圣性。除了通常的玺印凭证形式外，在完成统一大业的长期实践中，元朝统治者逐渐创设、完善了一套很有特色的符牌制度。

元代符牌类型甚多，功能和使用范围各不相同。最多见的是军政体系所用者，据《元史·兵志》载，有金虎符（有时简称虎符）、金符、银符三个等级：“万户佩金虎符，符趺为伏虎形，首为明珠，而有三珠、二珠、一珠之别。千户金符，百户银符。”这可能是元王朝建立后的规范化定制，早期当更为复杂。所说的“趺”，指符牌上端花薄形附托；所谓“万户”“千户”“百户”，乃蒙古军队编制中三个主要级层的首长名称。这类符牌样式通常是上边呈弧状的扁平长方形。从功能方面说，主要不是为驿站关卡的通行需要而颁发，主要意义在于以它作为一级军政权力的象征物。它还具有某种荣誉性，常常成为奖励手段，赏赐给有功人员。这类事例在《元史》中俯拾即是。如元世祖中统二年（1261），因对南宋的一次战役获得胜利，“赐诏奖谕，给金、银符以赏将士”，“青居山都元帅钦察等所部将校有功，诏降虎符一、金符五、银符五十七，令行省耸定职名给之”。中统三年（1262），“授益都行中书省都督府所统州郡官金符十七、银符一一”。

《刑法志》规定得更为明确：“诸朝廷军情大事奉旨遣使者，佩以金字圆符给驿，其余小事止用御宝圣旨。诸王公马，亦为军情急务道使者，佩以银字圆符给驿，其余止御宝圣旨。若滥给者，以台宪官纠察之。”这些记载告诉我们，虎符圆牌品位相当高，其效能在“御宝圣旨”之上，专为传递“军情急务”而设，若滥用则要受到惩罚。《元史》中还有诏令在高级官员中缩小发用虎符圆牌范围的记载，连行政级别仅次于行省的宣慰司，都属收回虎符佩用权之列。至元十六年（1279）中书省曾奏请“复授宣慰官虎符”，结果没有被批准，可见中央对虎符圆牌控制得是多么严。佩持这种虎符圆牌，可以进出全国各地及四大汗国，域跨欧亚，故有学者称之为“国际通行证”。马可·波罗在其游记中说，当他告别忽必烈，随使者护送阔阔真公主出嫁伊儿汗国时，忽必烈送他金牌两面，牌上有文云：“此三使者沿途所过之地，应致敬礼，如我亲临，必须供应马匹及一切费用，与夫护卫人役。”这应当就是我们上文所说的那类圆虎符。

虎符圆牌当时的配发量本来就不大，时至七八百年后的今天，实物已很难见到。据说世界范围内目前所知也不过存有三四件。前苏联西伯利亚托木斯克曾出土过一件银字圆虎符，但纹饰已较模糊。另外，美国纽约大都会博物馆还藏有一件。值得庆幸的是，甘肃省博物馆所藏 16 件国宝文物中，就有一件元代银字虎符圆牌，保存非常完好。说来也堪称奇迹，这件国宝竟然是文物工作者仓库中捡获的。符牌为铁铅等合金质地，上部为弧齿叶端形座，座顶有供系带佩服的椭圆形活环。牌两面纹饰相同，座中铸饰伏虎，虎面正向，双耳斜耸，两目圆睁，眉粗而弯扬，髯浓而长卷，鼻翼奋张，虎嘴横咧，神态异常狰狞。两只尖锐的前爪，曲抱于胸前，虎身隐而不现。额上浮雕三颗圆珠，中间一颗硕大，左右两颗较小，珠上腾升五支火苗，并以错银技法昭显其辉。这正是史文中多处言及的三珠虎符。座下牌体为正圆形，周缘隆起，两面各有阳文八思巴字 5 行，系预制好银字，嵌入按字形镂空的牌体上，故牌两面文字一正一反。”字态端雅肃正，疏密得体，给人以清秀中内秉刚劲的美感。系环牢固而灵活，虎纹细密而流畅，嵌技精巧而纯熟，从造型设计到制作工艺，水平均达到了相当高的境界。此牌不仅是元王朝符节制度的实物史证，也使我们对元代金属品手工制造技艺产生深刻印象。牌铭为八思巴文，这是元世祖忽必烈时代创建并推行的一种蒙古文字。

八思巴

八思巴是西藏喇嘛教萨迦派的首领，才识渊博，备受僧众尊崇。《元史》本传说他“生七岁，诵经数十万言，能约通其大义，国人号之圣童，故名曰八思巴”。在吐蕃语中，“八思巴”本义为圣童。八思巴15岁那年，有幸见到了忽必烈，而且大受忽必烈的赏识。忽必烈是一位开明睿智、具有雄才大略的君主，他积极推行大统一的国策，采取了一系列有力措施，加强中央政权对边疆地区的控制，尤其是对西藏，特设政教合一的宣政院负责管理，把西藏正式纳入全国统一的版图之内。蒙古族本即流行喇嘛教，又由于政治上需要借助喇嘛教在藏区的巨大影响，所以忽必烈着意结交并扶植喇嘛教首领。即位当年（1260）他就尊封八思巴为“国师”（也称“帝师”），授以玉印。数年后又宣布让八思巴掌管西藏事务，终结了西藏地区长期战乱、种族分裂的局面，史称“帝师之命，与诏敕并行于西土”，可见其受敬仰的程度。忽必烈认为，新生的蒙古族统治的大元帝国应当有自己的文字，基于对八思巴学识和威望的信任，他把创制蒙古新字的任务交给了八思巴。八思巴不负重托，以藏文字母作基符，研创出一种新的拼音文字：“其字仅千余，其母凡四十有一。其相关纽而成字者，则有韵关之法；其以二合、三合、四合而成字者，则有语韵之法。而大要则以谐声为宗也。至元六年，诏颁行于天下。”（《元史》）这就是我们今天所说的八思巴文。元政府称八思巴文为“国字”或“蒙古字”，曾大力推行过。但八思巴文终究难与已具数千年文化底蕴的汉字相抗衡，其使用只局限于官方文书、符节的小范围内，在广大的民间社会，通行的仍是汉字。元王朝灭亡后，八思巴文即被废止。

彩绘木雕博戏俑

博弈之道

人物的刻画生动明朗，刀路粗犷酣畅，却准确到位，线条刚劲清晰，人物形象既形似，又传神。

这组精美的博戏俑由两个跪坐老者和一棋盘构成，松木雕刻。对弈老者手脸涂白，墨线勾勒面部五官，交领袍衣灰色为底，白色粗线勾勒，领口、袖口和襟口施以重墨。两位老者跪坐对局，一老者右臂置膝上，左臂前伸，目光平视前方，似在向对弈者说“请开始吧”；另一老者左臂斜向下伸，左手拇指与食指执长方形棋子，欲落棋子于棋盘之上。两者之间放置棋盘，棋盘以黑色作底，白线勾格，棋盘下衬黑色掷骰木枰。两位老者神情凝滞，蓄势待发，显然正在针锋相对的紧张对弈之中。

二人玩的是一种名为“六博”的游戏。六博是中国古代一种掷采行棋的博戏类游戏，因使用六根博箸，故称为六博。一套完整的六博棋，应包

彩绘木雕博戏俑

西汉（前206—25）

一俑高29.1厘米，宽15.5厘米；一俑高26.7厘米，宽14.6厘米

棋盘长29.2厘米，宽19.3厘米

甘肃武威磨嘴子汉墓出土

括棋局、棋子、箸（即后世所称的骰子）。另外还有博筹，用于记录对博者的输赢情况。玩“六博”时，二人对坐，中间为博局（棋盘），棋子六黑六白，分属两方，玩时先投箸（或投骰）后行棋，据投掷结果，决定行棋的步子。能走到终点的称为“枭”，其余的叫“散”，以“枭”为贵。博局共分十二道，两头当中名为“水”，放鱼两枚。博时先用琼（骰子的前身）掷采，“枭”可以吃“散”和“鱼”，在“散”的帮助下吃掉对方的“枭”即为胜利。

根据史料记载，六博的发明最迟不会晚于商代，到了战国时期已相当流行。楚辞《招魂》中云：“菎蔽象棊，有六博些。分曹并进，道相迫些。”这反映出战国前后在荆楚一带六博棋已然流行。秦、汉时期，六博得到更加广泛地传播。西汉时期朝廷里设有博侍诏官，擅博的人在社会上享有很高的地位。六博最初是一种带有比赛性质的娱乐活动，后来逐渐发展成一种赌博手段。到了汉代甚至出现了一些专以博戏为业的人，这些人被称为“博徒”，因“好玩博弈”而达到“废事弃业，忘寝与食”的地步。随着六博赌博化趋势的加强，人们的注意力及胜负判断已主要集中在掷箸（即掷采）这一步骤上，侥幸心理与求财动机如影随形，“博”与“赌”渐渐粘合结为一体。汉代以后，六博逐渐衰势，到了晋代以后便销声匿迹。

汉代六博博局的格道配置，极鲜明地反映了封建社会兴盛期的文化背景，渗透着那个时代的哲学思想和宗教义理。天地、阴阳、五行、四时等观念，皆隐含其中；天干、地支、四方、八位，均依序而列。一个棋盘，实际上就是一种微缩了的宇宙图解。汉代“天人感应”学说在思想界占据统治地位，因此博局又与阴阳家“占时日”的盘相融合，成为一种民间占卜吉凶的工具。李学勤先生在《〈博局占〉与规矩纹》一文中指出：“博局又叫局，正是由于上面有一样的宇宙图形。”近年出土于江苏省东海县尹湾汉墓的简牍《博局占》，已证实了这一点。《博局占》绘有博局图形，并按嫁娶、旅行、狱囚、疾病、出亡五方面内容，列出吉凶参照表。只要在博局格道中查找到当日的干支，即可在表上对寻所问事项的答案。智力游戏与吉凶占卜相结合，这是汉代民俗文化的一大特色。正因为博局中显示出如此浓烈的神秘主义色彩，能告知现实生活中的吉凶祸福，人们便很自然地赋予它一种驱邪致瑞的神奇力量，视为吉祥灵物。汉代流行一种饰有旧称“规矩纹”的铜镜，所谓规矩纹，其实就是一种博局图案。中国国家博物馆藏有一面新莽时期规矩镜的纹饰拓片，其铭文曰：“新有善铜出丹阳，和以银锡清且明。左龙右虎掌四旁，朱爵玄武顺阴阳。八子九孙治中央，刻具博局去不祥。”末句直接点明了以博局作铜镜纹饰的用意。因此，文博界许多学者主张将以往所名“规矩镜”改称作“博局镜”。

汉代博局镜

磨嘴子汉墓木雕艺术

甘肃武威是汉代边关屯戍重地及丝绸之路重镇，所以这里曾经出土许多汉王朝的珍贵文物。位于武威城西南15公里处的磨嘴子汉墓群，是其中一座蕴藏丰富的地下文物宝库。该遗址因20世纪出土的《王杖十简》《仪礼简》《王杖诏书令》等国家一级文物而闻名于世。而在众多文物中，最有特色的便是汉代木雕俑。这些木雕俑数量众多，种类丰富，除人物外，还有马、牛、羊、狗、猴、鸡、鹅等动物，造型生动、姿态各异，粗犷而不失质朴，简略中暗藏深意，由朴拙见灵奇，寓生动于沉静，充分展示了汉代木雕简约、朴素而又灵动的艺术风格。武威磨嘴子汉墓群出土的木雕主要是作为明器使用的俑，是随葬在墓中用以象征人或物的器物。由于木俑容易烂朽，因而存世不多。但地处西北的武威磨嘴子汉墓群，得益于干燥的自然环境，留存下的竹木制品不仅数量众多，而且保存形态较好，在汉代木雕艺术中独领风骚。汉代人崇奉乐生重死，讲究厚葬，盛行孝悌观念，这在客观上推动了汉代木俑艺术的繁兴。借用木雕的形式，人们再现死者生前所需所爱的一切，楼台殿宇、车马奴婢、日用器皿乃至飞禽走兽，几乎都可以做成明器放置墓中，以供死者在另一个世界享用。和秦始皇兵马俑中气势如虹的武士俑不同，汉代人物俑中，将士的角色逐渐让位于家居角色，如侍者、仆人、护卫和艺伎。武威磨嘴子汉墓出土的人物俑也不例外，主要有博戏俑、舞俑和侍从俑。艺术手法上，武威磨嘴子汉墓的人物俑胜在对人物的刻画生动明朗，刀路粗犷酣畅，却准确到位，削出轮廓后只在局部略作修饰，保留刀锋过处留下的木棱，线条刚劲清晰，人物形象既形似，又传神。

彩绘木轺车

策马飞舆

这件大型组合木轺车是迄今发现的汉代最大的木雕作品，也是现存汉代木轺车马保存较为完好的一件，为研究汉代的舆服制度和复原汉代的轺车提供了极为难得的资料。

这件彩绘木轺车由舆车、伞盖、御奴和马组成。舆车有双辕，双轮各有辐条16根。御奴跪坐，作双手持缰状，以黑、白两色勾出眼、鼻及冠服。马用红、白、黑三色彩绘，马口含兽面饰衔嚼一副，颈上套轭。

轺车，是古代一马驾驶的轻便车，在我国古代史书上多有记载。《墨子》载："杂守以轺车，轮轱广十尺。"《史记·季布栾布列传》载："朱家乃乘轺车之洛阳，见汝阴侯滕公。"《汉书·平帝纪》载："亲迎立轺并马。""立轺"，立乘小车也；"并马"，俪驾也。《晋书·舆服志》也载："轺车古之时军车也。一马曰轺车，二马曰轺传。汉世贵辎而贱轺车，魏晋重轺车而贱辎。三品将军以上尚书令，轺车黑耳有后户，仆射但

彩绘木轺车

西汉（前206—25）
马高88.2厘米，长78.8厘米；车高95.2厘米，长96.5厘米
甘肃武威磨嘴子汉墓出土

有后户无耳，并皂轮。尚书及四品将军，则无后户，漆毂轮。其中书监令如仆射、侍中、黄门、散骑、初拜及谒陵庙，亦得乘之。”从以上记载可以看出，轺是古代一种交通工具，专供上层贵族、相、侯或者帝王乘坐的一种轻便马车。

甘肃武威出土的这件彩绘铜饰木轺车，车舆的设计真实地再现了轺车构造复杂的形制和精巧的木工技艺。车的整体造型轻便简洁，与马的雄健形成了鲜明的对比，两汉时期墓葬中出土的木雕文物主要有俑、动物及车船模型等立体雕刻和木椁板上的雕刻和木椁板上的浮雕两类。东汉木雕在雕刻技法上仍以突出外轮廓为主，细部多用彩绘表达，因此雕制时用刀简练，块面棱线分明，仅在头部稍作细部刻画，作风拙朴浑厚。头、颈、身、腿、尾等分别雕刻后，粘合组装而成，以红、白、黑三色彩绘，作昂首嘶鸣睨视状，头部饰铜当卢，兽面饰衔嚼一，颈上套轭，轭首足皆铜饰。马的神态被刻画得十分突出，

轺车御奴

它的造型是按当时“良马式”的标准模式精心制作的。汉武帝时，依大宛马铸“金马”为良马式立于长安。马头部的塑造注重体面的转折，凸凹分明；躯干则以半圆形体块概括，形成方圆相济的形态，体现了刚健与柔美、庄重与流动的完美结合。马头上双耳高竖，目若悬铃，挺胸扬尾，神态被刻画得十分突出，显示出良马的雄健气势。御奴高33.5厘米，跪坐于舆内左侧，作双手持缰状，用白、黑两色勾绘眼、鼻及冠服，神态专注生动。

这组彩绘铜饰木轺车结构复杂，器型宏大，精美壮观，气度非凡，是汉墓中出土同类器物中既完整而又规模大的一组。轺车在构建和颜色上的不同处理，即车右边为官吏专设的坐垫及彩饰属于主人；而左边无巾蔑、无茵（坐垫）、无幡的黑色则属于御车奴，表明了汉代宗法制度的森严和不可逾越。因此，这组大型彩绘铜饰木轺车的发现，对研究汉代车舆和封建等级制度等都具有极为重要的价值。

衣食住行，应该是人类生活中最基本的内容。无论从军事战争，还是生活交往的需求，代步以行的工具对人类社会发展有着至关重要的影响。现代社会，由于汽车缩短了时间和空间，使人类进入了现代化文明时代，古代的车马也莫不具有这种功能。武威磨嘴子汉墓出土的这件彩绘铜饰木轺车，虽是一件明器，但为我们管窥古代乘舆提供了可贵的一斑，也为我们研究汉代封建等级制度提供了珍贵资料。

彩塑坐佛与胁侍菩萨

禅定的瞬间

这些塑像被艺术家赋予深刻的宗教虔诚，在这种虔诚里包含着出自对生活的情感，具有鲜明的个性和独特的审美情趣。它在艺术上的细腻、精湛是古代凉州劳动人民智慧的结晶，也是一代繁盛的历史证据。

这件精美的坐佛造像全跏趺坐，圆髻广颐，长眉细目，嘴唇紧闭，右手扶膝，左手施禅定印。身着通肩式袈裟，衣纹梯形折出。沉思的神情，雍容的体态，流畅的衣线，表现出恬静的心境。彩绘虽已斑驳，但不掩盛唐时期佛像圣洁安详的神韵。同窟中的菩萨立像，身姿优雅，气度端正。左侧胁侍菩萨高 183 厘米。头挽垂环髻，发绺披肩，面庞圆丰，秀目微睁，神情超脱中又露严正。体着紧身束带天衣及贴腿长裙，帔巾自肩部横垂两道于膝下，右臂曲举，左臂下垂。右侧胁侍善萨高 180 厘米。发髻耸起，余发成 3 绺垂肩，曲眉丰颐，神情娴静，庄重而不失妩媚。左臂曲至胸前，右臂下垂。宽披帛自双肩垂落至腋下，羊肠裙层折贴腿，柔和的线条完全

彩塑坐佛与胁侍菩萨

唐（618—907）
坐佛高130厘米
甘肃武威天梯山石窟造像

同丰肌秀骨的身姿相应合，影塑技艺已臻完善。

这组精美的造像来自天梯山石窟，天梯山石窟位于甘肃省河西走廊中段的武威市凉州区南约60公里处。始凿于北凉时期，距今已有1600多年的历史，而后经历了北魏、北周、隋、唐、西夏、元、明、清各代不同程度的开凿与修缮，是我国早期石窟艺术的杰出代表，也是较早载入史册并有一定影响的早期石窟，在我国石窟史上占有非常重要的地位。2001年被国务院公布为第五批全国重点文物保护单位。

天梯山石窟对同时期周边或更远地区的石窟艺术风格产生了一定的示范和启蒙作用，是云冈石窟和龙门石窟等中原石窟的艺术源头，因此形成了中国石窟艺术史上著名的“凉州模式”，在当今学术界享有“石窟之祖”“石窟源头”的美誉。其开凿年代之久远，时间跨度之绵长，保存遗物之丰富，当属我国石窟开凿史上的一部恢宏巨制，属凉州文化的杰出代表，在历史、艺术、社会等诸多方面均有着重要的价值。天梯山石窟自北凉始凿，及至唐代，已经发展到相当大规模，是当

坐佛（局部）

威武天梯山石窟

时著名石窟寺院。到了明代，该石窟寺的规模依然很大。明正统十三年《重修凉州广善寺》碑铭记载“诸佛之龛，二十有六”，可知其当时规模。由于石窟所在地崖体脆弱，加之地震频发，到中华人民共和国成立初期，仅存 18 窟，其中北凉时期 5 个，北魏时期 4 个，唐代 3 个，时代不明 6 个。目前窟内保存有塑像 40 多尊、壁画近 200 平方米，还有部分汉藏文经卷、绢画、唐卡、文书、契约、佛经等珍贵文物，是研究我国石窟艺术方面极为重要的宝贵史料。

天梯山石窟遗存塑像艺术水平极高，尤以唐代塑像为最多、最精，是不可多得的佛教艺术精品，与同时期壁画组成了一个密不可分、互为补充的整体，呈现出了鲜明的塑造风格和艺术特征。

佛像通过艺术家的精雕细塑，除表现威严、肃穆外，还要反映富贵、蕴藉、宽博。这种高度成熟的表现手法，不仅是技巧上的成功，还标志着佛教彩塑艺术已自成体系。尤其菩萨造像，坐立姿势，率多随意，不似前期或他处造像之拘束，在动作和感情上自由表现，雕塑技术也较接近自然，与西方所谓造型美术之观念亦较近。但溯其究竟，仍在中国传统佛教的支配之下。

高善穆石造像塔

我国早期佛塔的杰出代表

高善穆石造像塔是匈奴族建立的北凉政权时期的产物，并出土于酒泉这一丝绸之路上的著名重镇，是研究东西方文化交流和少数民族对中华文化做出杰出贡献的重要物证。

“塔”在印度被称作Stupa。汉文译为家睹波或率都婆、睹塔婆等，意为“高显处”或“高坟”，原是印度的一种纪念性坟墓的通称。它的造型简单一致：覆钵形，上立长柱形标志“刹”。除了大型的佛塔建筑，还有用石、木、陶、铜、金、银等材料制作的许多可在室内供养的佛塔。我国最早的佛塔是发现于甘肃酒泉、敦煌及新疆吐鲁番的北凉石塔，其中最完美、最精美的便是现藏于甘肃省博物馆的高善穆石造像塔，它是研究我国最早佛教思想、佛教与道教的关系等不可多得的珍贵实物。

高善穆石造像塔由黑色玄武岩雕成，塔整体呈尖锥形，由宝顶、相轮、塔颈、覆钵、经柱、基柱等六部分组成，基座已佚。最上面是扁平圆形宝

高善穆石造像塔

十六国（304—439）
塔高44.6厘米，底径15.2厘米
甘肃酒泉石佛湾子出土

顶，顶上中部阴刻北斗七星。宝顶下面是七层相轮，高16厘米，逐层收分呈立锥形，相轮的四角，刻留四条垂线，把相轮分为四档。相轮的层数象征着级别，相轮的用途主要是为了使人们仰望瞻视，以此来提高佛塔的地位。相轮下面有“刹柱”，也就是塔颈部分，高1.2厘米，用雕出的矮柱分成八格，每格中间雕“品”字形方斗承托。

塔颈下面是覆钵。钵本是佛僧化缘、用餐的容器，放在佛塔上则表示佛、高僧等圣人贤人应受到人们的敬仰、供养。在这个半球形覆钵上开了八个圆拱龛，龛上部饰大瓣覆莲。两龛相尾端结束成环，每个龛内都刻有一尊高浮雕佛像，其中七尊禅定坐佛，面容较圆，双眼鼓凸，高磨光髻，身短，着通肩大衣，阴线刻重叠式衣纹于胸前呈“U”字形下垂。另一尊为交脚弥勒佛，头戴有冠帔的宝冠，袒上身，戴项圈、臂钏，下着羊肠大裙，双手交于胸前。各像背后刻圆形头光及弧形背光。弥勒佛就是未来佛，弥勒出世象征着清平世界的到来，成为历代佛教徒梦寐以求的愿望，弥勒信仰也成为魏晋以来佛教的主要信仰之一。七佛和弥勒佛同时出现的造像题材，反映了当时人们不仅信仰七佛，也渴望弥勒降世。所以魏晋以来，七佛之后常常伴随弥勒菩萨，组成过去、现在、未来三世佛的世系，反映了当时三世佛的信仰。

经柱为圆柱形，周围刻发愿文和经文36行，每行6至10字不等，书法规整刚劲，为经典的北朝写经体。之后刻有《增一阿含经·结禁果》中的一段，是小乘教经典。佛教根据人们的大小根基而说大、小二教，即大乘与小乘。大乘是对于有大机缘的人说大法，开其智，最后可成佛果并可度化众生；小乘则是对于机缘小的人说一般的声闻缘觉，灭其智只追求个人自我解脱，最后使自己成阿罗汉果，要求比较低。由此可以看出，这位高善穆有自知之明，知道自己成不了佛，便只求成阿罗汉果就满足了。这也许就是造此塔的基本想法吧。经文后刻有“承玄元年岁在戊辰四月十四日辛亥丙申时休息县摩高宝合家妻共成此塔，各为十种父母报恩欢喜五义”铭文，北凉承玄元年为北魏太武帝神席元年，即428年。这一明确的纪年便使之成为我国已发现最早的佛塔实品。

下面的基柱为八棱柱，每个面上用阴线刻一尊肖像，手中分别持宝珠、宝瓶、宝扇等。肖像的右方上各刻一个八卦符号，代表八个方位，八尊肖像为佛教的“八方天”即八方的护法——东方帝释天、南方焰摩天、西方水天、北方毗沙门天、东北伊舍那天、东南火天、西南罗刹天、西北风天，八卦和肖像完美结合。

这座塔与印度极具代表性的桑奇大塔的形状很相似，它是犍陀罗艺术传入中国并与中国文化相结合的产物。在我国佛教早期，只有单身的佛和护法，其面相圆润丰满，表情严肃冷峻，高发螺髻，穿僧衹支或通肩大衣等。到了第二时期，佛则是瘦骨清相，威严而又古朴敦厚，褒衣博带，质地厚重，衣纹密集，直平阶梯式，内穿僧衹支，胸前束宽带，颈长、肩窄、胸平。从这座塔佛的形象与服饰来看，兼有早期与第二时期的特点，所以说此塔处于中国佛教艺术由早期向第二时期过渡的阶段。值得重提的是，

聞如是一時佛在舍
衛國祇樹給孤獨園
尒時世尊告諸比丘
如來成就十力自知
无畏在大衆中能師
子吼轉无上梵輪度
色習此色盡此色出
要觀此痛想行識識
習盡識出要因是有
是此生則生无明緣

高善穆石造像塔（局部）

这座塔上的北斗七星和经文很具特点，而且还将八卦刻上佛塔。中国人对北斗的崇拜也是由来已久，早在殷商时代，人们就已经为北斗举行隆重的祀典，并且将北斗与王联系起来，认为祀斗就可以“王受佑”。佛教也崇拜北斗，认为北斗七星是妙见菩萨的化身。八卦是中国传统文化的重要基石，是探索天人之学，既探索宇宙、人生奥秘及其相互联系，又逢凶化吉、避祸趋吉的办法。总之，古人崇拜北斗、八卦是为了祈福，拜佛也为祈福，这些都与造塔的目的相符，所以就采用了多种元素相结合的形式，使中外文化汇聚在一起，集中地在这座塔上体现了出来。这从另一方面也反映了当时的民众普遍将神佛等同起来，将神仙、佛陀和黄老并为一谈，一起供奉祭祀的事实。如汉桓帝曾在宫中铸黄金佛像，与老子并立供奉，以祈求长寿多福；东汉时期的墓室壁画及画像砖也多将佛像与东王公、西王母、青龙、白虎、朱雀、玄武刻在一起，甚至在敦煌莫高窟北魏、西魏时期的洞窟中，常常出现伏羲、女娲、东王公、西王母、雷公、电母等形象。也就是说，佛教早期正是利用中国传统的神仙思想向民众灌输佛教教义，使中国人喜爱并接受。

高善穆石造像塔是匈奴族建立的北凉政权时期的产物，并出土于酒泉这一丝绸之路上的著名重镇，因此，它也是研究东西方文化交流和少数民族对中华文化做出杰出贡献的重要物证。总之，这座塔的形制、题材及其艺术特色等都极具研究价值，是我国有纪年的早期佛塔的珍贵实物资料。

大云寺地宫出土舍利容器

佛国世界里的隋唐演义

全套作品精巧华丽，光艳夺目，玲珑别致，工艺超群，反映了盛唐时期金银器制作的高超水平，也是佛教艺术的珍品。

1964年12月，在甘肃泾川县贾家庄原水泉寺遗址的塔基地宫内发现一套多重组合的舍利容器，制作精美，具有很高的价值。此套舍利容器共5件，由石函、铜匣、银椁、金棺和玻璃舍利瓶层层套置而成。最外层为石函，由质地坚硬的灰色大理石制成，方形覆斗顶，顶上正中刻方格，格内刻“大周泾川大云寺舍利之函总一十四粒”。阳文隶书，书法遒劲有力。第二层为铜匣，铜匣形同石函。通体鎏金，錾刻忍冬纹，盖顶嵌一银质莲花，十二瓣，莲花中心镶一桃形银珠。盖与身之间背面安装二个银质合页，正面安装三个花瓣形银扣，挂鎏金铜锁钥。第三层银椁，覆瓦式盖，通体錾刻缠枝忍冬纹，两侧各安装两圆环，底座呈长方形，四面有勾栏平座一

金棺、银椁、铜匣、舍利瓶及石函

唐（618—907）
石函高42.5厘米，长50.5厘米，宽49.5厘米
铜匣高12.3厘米
银椁高9.3厘米，长10.7厘米，宽8.4厘米
金棺高6厘米，长7.5厘米，宽6厘米
甘肃泾川大云寺遗址出土

大云寺遗址

金棺及舍利瓶

银椁

周，空间镶嵌菱形花纹。第四层金棺，形同银椁，棺盖及棺身用金片、珍珠、绿松石镶嵌成大莲花，周围又饰以金片组成的小莲花，莲蒂、莲叶均对称。银椁和金棺下面的垫座及四周贴以五瓣梅为图案的织锦。金棺内有一檀香木小隔板。金棺内置一玻璃瓶，长颈、圆腹、平底，白色透明。内装舍利 14 粒，形如米粒，质似珍珠，中间有人工所穿的小孔。瓶上盖古铜色丝质小帕。全套作品精巧华丽，光艳夺目，玲珑别致，工艺超群。反映了盛唐时期金银器制作的高超水平，也是佛教艺术的珍品。被国家文物鉴定委员会确定为国宝级文物，现藏于甘肃省博物馆。

据该石函及有关史料显示，隋代这里是大兴国寺。隋文帝曾三次下诏分舍利起塔，在全国 103 个州修建了与州相同数目的舍利塔。第一次为仁寿元年（601）六月十三日，即隋文帝 60 岁生日的那一天，先后在 30 个州建 30 座舍利塔，限在十月十五日午时，三十州“同下（舍利人石函）”。第二次为仁寿二年（602）正月，又分舍利于秦、陕、桓、杭等三十三州，建舍利塔，限四月八日（佛诞生日）午时，同下石函。第三次在仁寿四年（604）四月八日，又在三十州建舍利塔。《广弘明集》卷 17 载：“泾州于大兴国寺起塔造函，三家各献旧磨好石，非界内所有，因而用之，恰然相称。”可能说的就是此事。大兴国寺的这些舍利可能就是这时置入塔基下的。后此塔毁坏。到武则天时，为了其政治上的需要，令薛怀义与众僧伪造《大云经》，因为《大云经》中有女人当皇帝的经文。同时于天授元年（690）“两京诸州各置大云寺一区，藏《大云经》，使僧人升高座讲解”。在此背景下，泾州大兴国寺被改为大云寺，塔下的舍利瓶、舍利及石函被取出，为之新制了金棺、银椁、鎏金铜匣及石函。于延载元年（694）重新安葬放入塔基地宫新建了舍利塔。

泾州大云寺地宫，在中国舍利瘗埋制度上是一个划时代的变革。随着佛教在中国的流行，建塔埋佛舍利的习俗也在中国流行，按照中国的风俗逐渐改变了印度用罂坛盛放舍利的方式，改用中国式的棺椁，现已发现的最早纪年的舍利塔基是河北定县北魏太和五年（481）塔基，将舍利盛放于玻璃瓶铜钵之中，再置于石函内，直接埋在塔基之下的夯土之中。陕西耀县发现的隋仁寿四年（604）舍利塔基，在形制上与北魏塔基有所不同。在舍利石函的四周砌护石和砖墙，虽未形成地宫，但已不能像北魏那样直接埋在夯土中，还用了盝顶的铜匣。而塔基地宫的形成正始于唐初，以泾州大云寺为最早，并开始以中国传统的棺椁制度设计舍利容器，按墓室形貌在塔基下建地宫。

莲花形玻璃托盏

永不凋零的蓝莲花

托盏造型优美，色彩艳丽，工艺精湛，是迄今出土最完整的一套元代玻璃托盏，是中国古代玻璃制品的瑰宝，极为珍贵。

这件精美的玻璃托盏为普蓝色玻璃制成，半透明，胎内含气泡。盏为七瓣莲花形，饼形足；托口为平口，边沿呈八瓣莲花形，平底，腹壁呈正八角形。托盏造型优美，色彩艳丽，工艺精湛，是迄今出土最完整的一套元代玻璃托盏，是中国古代玻璃制品的瑰宝，极为珍贵，为元代玻璃器皿中的稀世珍品。

这件玻璃莲花托盏为玻璃莲花盏、托各一件，以模铸法成型。其中盏由普蓝色玻璃制成，口、腹部为七瓣莲花式，底为假圆足，底心微内凹，以尖锐的莲瓣组成口，整个器型仿佛一朵正在盛开的莲花。托的内圈为八边形，斜内凹，口沿稍扬起作八瓣莲花状，瓣尖亦尖锐，平底，颜色比盏

莲花形玻璃托盏

元（1206—1368）
盏高4.9厘米，口径8.9厘米，底径3.4厘米
盏托高1.2厘米，口径15.2厘米
甘肃漳县汪世显家族墓出土

略浅，尖锐的瓣尖成为其造型上区别于后代的一大特点。

从更宽泛的意义上来说，玻璃器皿是玉润晶莹的一种象征，所以在中国古代是一种珍贵的物品，是财富和地位的象征，它们最终流入高级寺院和贵族手中。这件玻璃莲花托盏可能具有佛教文化特征，在佛教问世后，佛教徒采取了以莲花为佛教的主要象征，据说后来成为佛祖的悉达多太子出世后，立刻下地走了七步，步步生莲，所以莲就成了他诞生的象征。莲花在中国也有深邃的文化渊源。唐代将佛教立为国教后，莲花备受人们的敬爱。佛祖释迦牟尼的家乡盛产荷花，因此佛教常以莲花自喻，如《本草纲目》载："释氏用为引譬，妙理俱存。"佛国也指莲花所居之处，也称"莲界"，佛经称"莲经"，佛座称"莲座"或"莲台"，佛寺称"莲宇"，僧舍称"莲房"，袈裟称"莲衣"，等等。莲花图案也成为佛教的标志，佛教的建筑、装修、器物也都有莲花图案。

玻璃器皿传入中国的时间虽然可以追溯到春秋战国时期，但是一直以来中国的瓷器制造都很发达，玻璃制造始终没有得到充分的发展，直到清初玻璃器也非常少见。随着考古工作的展开，古代墓葬和寺院塔基出土了大量古代玻璃实物，佛教壁画及绢画则提供了许多图像资料。国内外学者对中国古代玻璃器的年代、国产或外来的判定、产地的推断等方面做了大量的基础性工作，也有许多个案研究。从其外形特征及艳丽的颜色来判断，玻璃莲花托盏可能是从西亚等地传入中国的。元代玻璃器最重要的产地是山东益都颜神镇。在此地曾发现过元末明初的玻璃炉址与残品，经检验表明，其钾钙含量较高，含铅量很低，属钾钙玻璃，与唐宋高铅玻璃已显著不同。江苏苏州元末张士诚母曹氏墓出土了大量玻璃珠和一件玻璃圭。玻璃圭色涅白，长 42.5 厘米，是迄今所知元代最大的一块玻璃。玻璃珠经化验表明，属钾铅玻璃，可能是苏州本地所产。《元史》载“将作院诸路金玉人匠总管府”辖玉局，当是制造“罐子玉”的官办作坊，可能设于大都或颜神镇。新疆地区出土的玻璃瓶，以管吹制，浅绿透明，形制不规，可能是当地工匠吹制，这说明甘肃及新疆等地的玻璃器有浓郁的地方色彩，与当时内地玻璃配方和成型均有不同。

元初，统治者出于巩固政权的需要，采取了一系列有利恢复生产、发展经济的措施，遂使传统的工艺美术也得以复兴和发展。元朝尊崇藏传佛教，梵像的传入及对其他民族文化的吸收，均给元代工艺美术带来殊变。统治者们为了满足自己的奢侈生活和精神享乐的需要，将战争中携掠来的欧洲、阿拉伯地区及西夏、金、南宋的各行工匠组织起来，成为庞大的为皇家服务的官办手工机构。匠籍可世代相传，子承父业，便于积累工艺经验，提高技艺，使官办手工机构人才荟萃，技艺精湛，生产出了大量高级手工艺品和消费品。这套玻璃莲花托盏从它精美的造型、秀丽的色泽来看，就充分反映了元代工艺美术的发达。无论就它的历史价值还是艺术价值而言，被定为国宝级文物，都是当之无愧的。

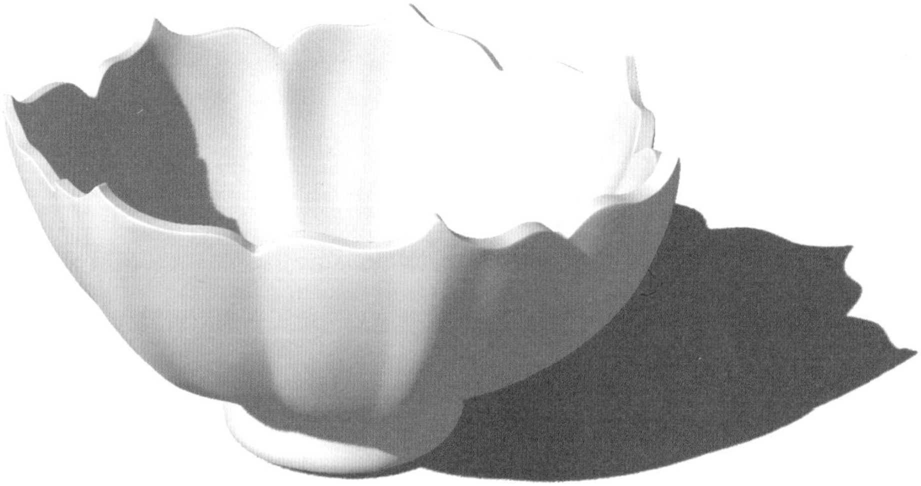

玻璃盏 3D 示意图

玻璃盘 3D 示意图

中国茶文化

中国是茶的故乡，茶文化是中华五千年历史的瑰宝，故讨论中国古代茶具，就可以看到茶文化的历史背景。唐朝疆域广阔，注重对外交往，首都长安是当时的政治、文化中心，茶文化正是在这种大气候下形成的。茶文化的形成还与当时佛教的发展、科学制度、诗风大盛、贡茶的兴起、禁酒等有关。茶道也是最早起源于唐代，唐以后茶道兴起和佛教有关，正所谓茶禅一味。古人有过午不食的习惯，茶是引发思维以助清醒的手段。在佛家看来，茶是禅定人静的必备之物，一般寺院专设有茶堂，法堂西北角设有“茶鼓”，茶鼓一敲先敬佛，僧人再开始喝茶。这样，茶的文化、社会功用已超出了它的自然使用功能，它也被文人视为一种陶冶心性、体悟人生、抒发情感的风雅之事。而且，茶具又是茶文化中不可分割的重要组成部分，所以中国人对品茶的茶具是颇有讲究的。

鲵鱼纹彩陶瓶

人鱼传说

这一形体的人面鲵鱼纹，其形象为一个人首蛇身的精神内涵的个体，显然是一个人格化的图腾神，被认为是“龙身而人头”的伏羲的雏形，同时也创造了早期龙的形象让我们充分领略了彩陶的无穷魅力和幽远意境。

这件鲵鱼纹彩陶瓶小口、长颈、平底，腹上部有双耳，颈部有堆纹一圈。瓶腹绘黑色人首形的鲵鱼图样，一双短臂向外伸出，全身为斜格纹，尾部弯曲。这件彩陶瓶属于著名的马家窑文化石岭下类型，距今已有5000多年的历史。

马家窑文化石岭下类型因首先发现于甘肃武山县县城以西2.5公里处的石岭下村而得名。石岭下的文化属性一直没有明确的界定，其实就是仰韶文化和马家窑文化的过渡类型。但从石岭下彩陶的器形和纹饰及地层关系分析，属于马家窑文化早期更为确切，以石岭下命名的鲵鱼纹彩陶瓶名扬海内外。石岭下类型主要分布于甘肃省东部。彩陶器形以圆腹平底罐和

鲵鱼纹彩陶瓶

新石器时代仰韶文化（距今5200年前）
高38.4厘米，口径7厘米，底径12厘米
甘肃甘谷西坪出土

鲵鱼纹

瓶类最具特色，有小口双耳底瓶、侈口长颈圆腹壶、高领鼓腹罐等。底色砖红，以黑色彩绘，具有仰韶文化庙底沟类型的一些特点。纹饰有条纹、圆点纹、波形纹、弧线三角纹等。比较典型的是变体鱼纹、鸟纹及简化的人面鲵鱼纹，利用飞鸟和游鱼组合而成的“共头”纹，构思大胆，造型巧妙，具有极高的艺术水平。

鲵鱼是现存最大的两栖动物，生长在山溪之中，四肢短小，尾大而扁，身上有斑纹，因为脸圆似婴孩，“声如小儿啼”，所以又俗称“娃娃鱼”，是稀有的珍贵动物。鲵鱼由于具有一些神秘色彩的特性，一直被视作神异的灵物。鲵鱼俗称娃娃鱼，古代又名鲶鱼，《山海经·北山经》载：“决决之水出焉，而东流注于河。其中多人鱼，其状如鲶鱼，四足，其音如婴儿，食之无痴疾。”由于鲵鱼具有类人的特点，因此易被氐族人们视作神物，而彩陶上的鲵鱼图像被神化了，还进一步加以人格化。鲵鱼在甘肃只见于天水、陇南两地区。这件彩陶瓶出土于天水市甘谷县，而这一带正是传说中的伏羲氏的诞生地。彩陶瓶腹部的一面上，鲵鱼身躯为折屈状，尾尖向上挑起，尾梢与头顶连在一起；颈部画蛇腹纹，通体作网格纹，上身两侧生出两只小胳膊。这一形体的人面鲵鱼纹，含有龙所具备的有足、鳞、蛇腹纹，似蛇或蜥蜴等的特征；其形象为一个人首蛇身的精神内涵的个体，显然是一个人格化的图腾神，这种纹样被逐渐神化，早期鱼纹比较写实，后逐渐抽象。因此被认为是“龙身而人头”的伏羲的雏形，同时也创造了早期龙的形象。从绘画技巧来看，线描有粗细变化，可看出用笔过程的顿挫、转折、收笔，具有熟练自如的绘画技巧。不论是何形象，这件鲵鱼纹瓶都让我们充分领略了彩陶的无穷魅力和幽远意境。

肃府本《淳化阁帖》

法帖始祖

肃府本是明刻《淳化阁帖》中的佼佼者，也被称为《阁帖》中的『善本』。同时，又因其帖石保存完好，是我国现存最早最全的一部《阁帖》刻石，1996年9月被国家文物局专家鉴定组确认为国宝级文物。

《淳化阁帖》是北宋王朝编印的我国历史上第一部大型书法帖，集宋代以前书法艺术之大成。所谓法帖，就是将古代著名书法家的墨迹经双钩描摹后，刻在石板或木板上，再拓印装订成册。《淳化阁帖》共分为10卷，收入历代帝王、名臣和书法家一百多人，墨迹约422帖。卷一为历代帝王法帖，卷二至卷四为历代名臣法帖，卷五为诸家古法帖，卷六至卷八为王羲之法帖，卷九、卷十为王羲之之子王献之法帖。楷、行、草、隶、篆各书体齐备。法帖原版棰拓极讲究，均采用当时名贵的歙墨和澄心堂纸。澄心堂纸“轻似蝉翼白如雪”，千年难得。

明洪武二十五年（1392），太祖朱元璋封其十四子朱楧（肃庄王）于

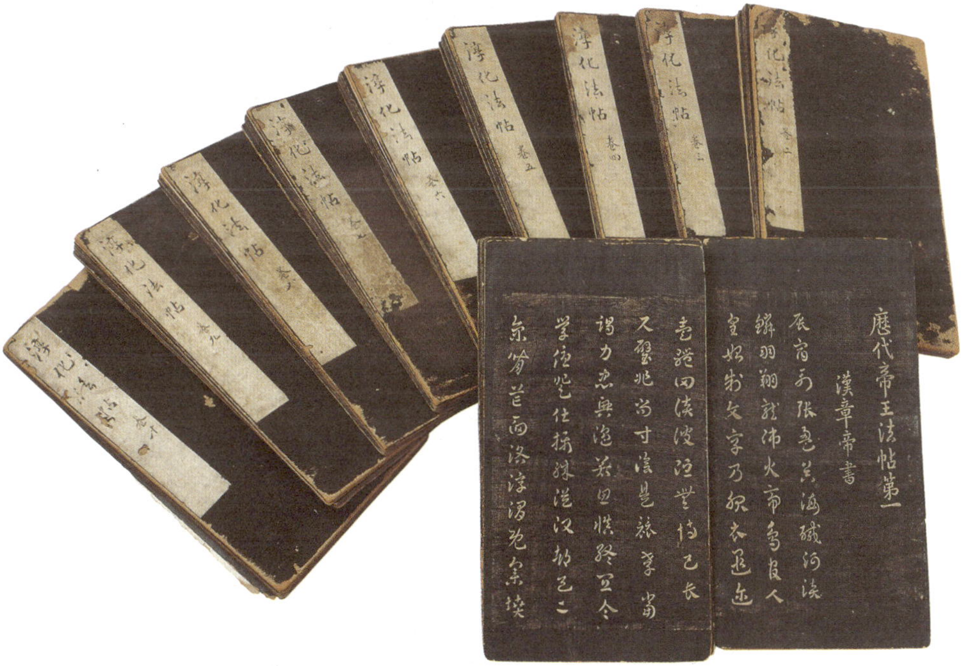

肃府本《淳化阁帖》

明（1368—1644）

高27.4～34.5厘米，宽36.5～40.7厘米，厚5～8.9厘米

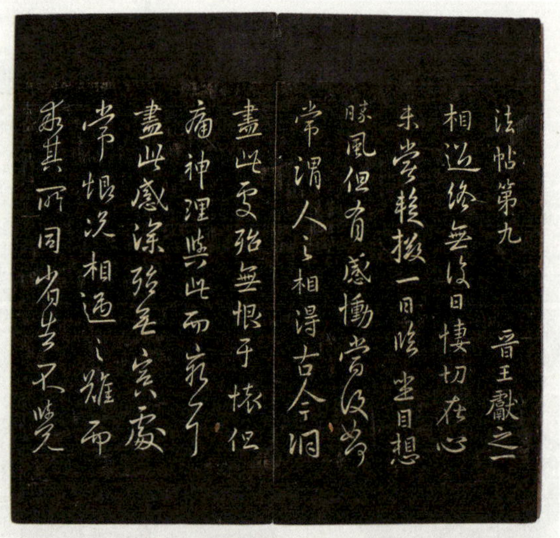

肃府本《淳化阁帖》

甘肃兰州，是为肃王，世代袭之，并赐予肃庄王宋本《淳化阁帖》一部，以作传代之物。二百年后的万历四十三年（1615），肃宪王朱绅尧令晚明金石临摹刻家温如玉、张应召师徒二人临其祖传宋本《淳化阁帖》，摹刻于石上。刻石未成，宪王薨，世子朱识，继承父志，于天启元年（1621）竣工。该帖刻成后，藏于肃王府东书园遵训阁，故后人称之为“肃王府本”，又称“遵训阁本”或“兰州本”。边有不规则细小磕缺，但多无损石面字迹。

该帖石标题、卷数悉如宋本《淳化阁帖》：第一卷《历代帝王法帖》，刻17块石上，为汉章帝至唐高宗等19家书法；第二至第四卷为《历代名臣法帖》，分刻在16、12、12块石上，是东汉至唐代67家书法；第五卷《诸家古法帖》15块；第六至第八卷《王羲之书》，各有16、13和12块；第九、十卷《王献之书》分刻在12和16块石上。以上各石，历数朝近四百年，大部分保存完好。肃府本《淳化阁帖》刻石，计有141块，皆以陕西富平县所产石头（俗称富平石，又称铜磬石）凿刻而成。该石坚硬质密，打磨后细腻滑润，叩之铿锵有声，适宜镌刻碑帖，而且刻后字迹锲口平齐，无毛涩之处，给人以历久如新之感，甚是难得。

肃府本《淳化阁帖》刻石摹刻者温如玉，字伯坚，苏州人，工书法，习真、草、隶、篆各体。曾游学吴越、荆楚、燕赵、秦陇，致力于金石文字的搜集和整理，对勾勒碑帖有高深的造诣。其徒张应召，字用之，山东胶州人，善书画，精金石镌镂之术。师徒二人受肃王之命重摹《阁帖》，经过“纸凡数易，石必再更”，历时七年艰辛，终于完成了《淳化阁帖》刻石。

肃府本《淳化阁帖》刻石

肃府本《淳化阁帖》摹勒俱精，深得宋本拓片的原貌，人称“新旧不爽，毫发俱在，与宋本无异”。倪苏门《古今法论》中云：“淳化帖在明朝，惟陕西肃王府翻刻石最妙，谓之肃本。从宋拓原本双钩勒石，所费巨万，今市本相去天渊。”陈奕禧《皋兰载笔》称：“初拓用太史纸，程君房墨，人间难得。”清顺治三年（1646），陕西人费甲铸又将“肃本”再刻于西安，现存于西安碑林博物馆的“费甲铸重刻本”，就是依照肃府初拓本摹刻的一种版本，称为“关中本”或“陕西本”。此外，江苏溧阳虞氏重刻本，每卷末照刻肃府本款识，是按照肃府早期拓本重摹上石。清拓重刻本，藏于南京博物馆，足见肃府本影响之深远。肃府本是明刻《淳化阁帖》中的佼佼者，也被称为《阁帖》中的“善本”。同时，又因其帖石保存完好，是我国现存最早最全的一部《阁帖》刻石，1996 年 9 月被国家文物局专家鉴定组确认为国宝级文物。另外，甘肃省博物馆还收藏有一套肃府本《淳化阁帖》拓本。该拓本 1965 年 5 月自北京购得，为明代晚期拓本和装裱，与肃府本刻石相互辉映。

1615年　明万历四十三年肃宪王命金石摹刻家温如玉、张应召等人将“肃府底本”双钩上石。

1621年　明天启元年刻竣，前后共历时七年，耗用富平石一百四十四块，大都两面刻文，共计二百五十三面。

1643年　明崇祯十六年，李自成义军贺锦攻克兰州，肃府本《淳化阁帖》损坏严重。王府将石刻深藏于府内井中。

1654年　清顺治十一年，由洮岷道陈卓聘邀陈曼仙、毛香林补刻四十余块。

1675年　清康熙十四年，陕西提督王辅臣在平凉起兵响应吴三桂叛乱，其部将赵士升攻陷兰州后，用《阁帖》帖石做马槽，致有“马房光怪，枥马皆惊”之说。是年三月，清军大举进攻兰州，征讨叛军王辅臣。王部负隅顽抗，欲毁帖石当炮子，同时又欲将帖石移置城头做防御工事，幸有兰州知府徐某冒死陈情，竭力说服，才使叛军放弃了毁坏帖石的想法。历尽劫难后的肃府本《淳化阁帖》现存刻石141方。

1910年　宣统二年，刘尔炘先生移帖石于儒学署即文庙（今兰州二中）保管，置于大成殿东侧之尊经阁中，并增刻木板释文四十块。后儒学署裁撤，尊孔社入驻。再后尊孔社并于全陇希社，石刻遂由该社保管。

1938年　日寇轰炸兰州，为策安全，将石刻埋于大成殿南面院中。

1939年　志果中学在文庙成立。后志果中学与全陇希社间发生矛盾，全陇希社遂于1944年乘志果中学校长赵元贞出访宁夏之际，将石刻掘出移往贡元巷丰黎义仓内。

1947 年 时任甘肃省银行地方公益事业基金保管委员会主任委员的水梓先生呈请“拨款保存《淳化阁帖》碑石”，当时甘肃省政府以“该项碑石由市政府保管”，遂于当年八月、十二月训令当时兰州市政府，“饬该府查明该项古物保管情形，并妥拟保管办法”。

1948 年 兰州市政府拟订《兰州市文庙财产及阁帖碑石保管办法》共八条，其中第二条为：“本市文庙财产暨阁帖碑石依法由兰州市政府负责保管，但为管理便利计，可由兰州市委托兰州志果中学代为保管之。”第五条为：“对于文庙各项财产暨阁帖碑石，应随时清点，确实负责保护，如有缺损，代理保管机构应负赔偿之责。”第七条为：“本市文庙财产暨阁帖碑石，应由兰州市政府列入交代，以重古物。”由于当时兰州市政府明文指定石刻由志果中学保管，于是帖石又由丰黎义仓运回志果中学，置备木架，镶嵌在尊经阁檐下，计石刻 145 块，278 面，木刻 40 块。

1966 年 肃府本《淳化阁帖》碑石移交甘肃省博物馆珍藏至今。

《王杖简》充满东方人文情怀的诏令

《王杖简》充分显示了汉代统治集团以法律手段推行崇孝尊老政策的坚定性，在世界法律史上，书写了渗透着东方人文情怀的重要一页。

甘肃省博物馆收藏的《王杖简》为松木削制，两道编绳，先书后编，字迹清晰。内容为赏赐70岁以上老人王杖的有关诏书律令，载录汉代尊老、养老的政策和实施情况，具有很高的历史价值。

干燥的气候条件和多沙砾的地层环境，决定了甘肃埋入地下的古代竹木制品不易朽失，这是秦汉简牍得以在甘肃大量保存的原因。全世界公认甘肃为简牍之乡。近百年来，甘肃共出土简牍约6.5万枚，其中汉简数量全国领先。而且大都保存完好，空迹清晰，内容包括社会生活的各个领域，对于研究秦汉时的政治、经济、文化、军事及民族关系，具有不可取代的价值。

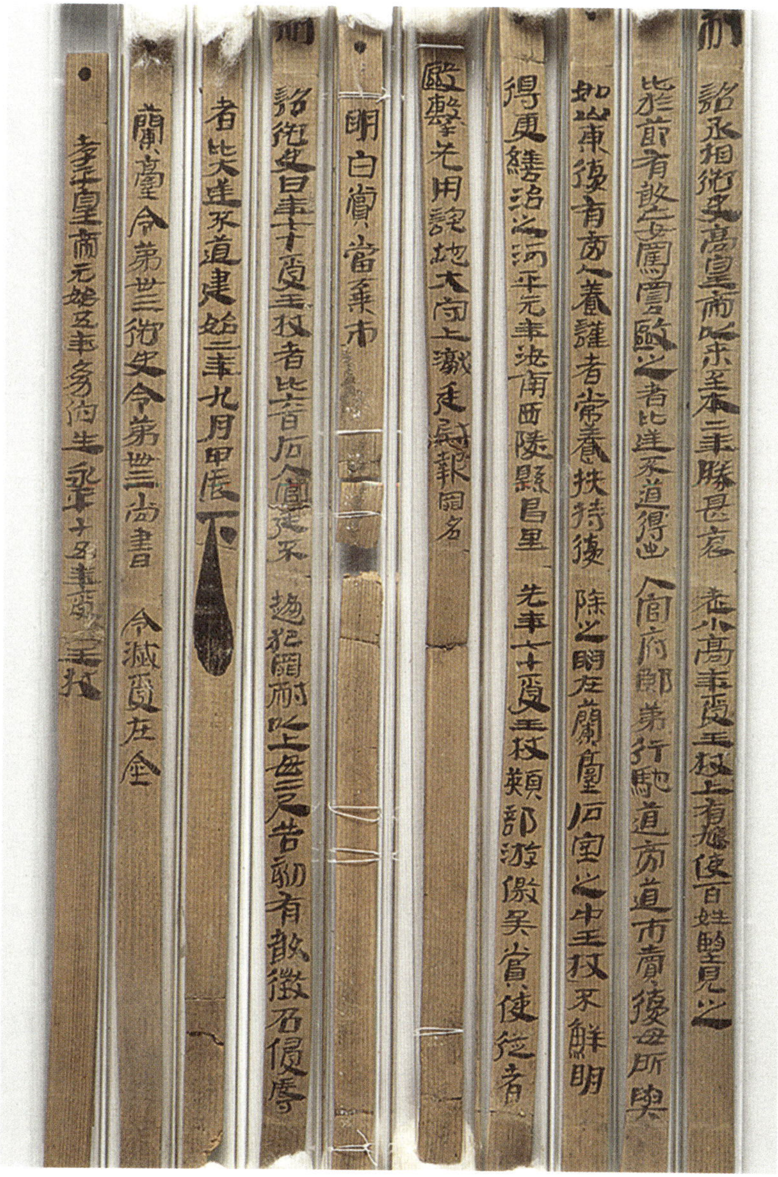

《王杖简》

西汉（前206—25）

简长23.2～23.3厘米，宽1厘米

甘肃武威磨嘴子汉墓出土

由于甘肃地处古丝绸之路的中心段落，又长期是我国西部的边防要地，关燧遍设，驿传频驰，军政公务往来纷繁，故甘肃简牍中绝大是这类行政文书和塞防记录，此外还有三类简牍，数量虽不算太多，却因内容的特殊性而更受社会关注。第一类是对先秦经籍的抄写。这类简牍以出土于武威城南的《仪礼简》为代表。第二类是实用的医学临床治疗记录和验方，这类简牍以出土于武威旱滩坡的《治百病方》为代表。第三类是当时国家颁行的律令诏书，这类简牍以出土于武威磨嘴子的《王杖诏令简》为代表。这份木简 1959 年出土，共 10 枚，故又被称为《王杖十简》。简为松木质，因出土时编绳朽失，简序错乱，学者们释读时出现许多分歧和误解。1981 年有幸在同地又发现了一份有关王杖诏令的简册，共 26 枚，各简原编序号完整，且字迹更清晰，内容更完整，因此可据之解决《王杖十简》中的疑难问题。

中华民族自古有重孝敬老的传统，反映在国家政令中，至少可追溯到周代。《周礼·秋官·伊耆氏》职下有“共王之齿杖”一项任务，郑玄解释“齿杖”说：“王之所以赐老者之杖。郑司农云：谓年七十当以王命授杖者，今时亦命之为王杖。”《礼记·月令》及《吕氏春秋·仲秋纪》也都有仲秋“养衰老，授几杖，行糜粥饮食”一类记载。汉王朝承袭了这种尊老政策，并把它发展、完善为一种常规制度。王杖俗称“地杖”，因杖首安装有圆雕鸠鸟形象。之所以用鸠作王杖标志，是因为周代早就有“献鸠养老”的风习。《周礼·罗氏》：“中春罗春鸟，献鸠以养国老。”我国的崇鸠观念也由来已久，古人视鸠为春鸟、善鸟，象征着生命和慈祥。以鸠装饰王杖，源于原始社会东方鸟图腾部族用鸟装饰氏族首领权杖的习俗。在图腾崇拜时代，图腾物现为始祖神，敬鸟也就是敬祖。显然，后世崇孝尊老理念用鸠的形象来显示，同远古时代的始祖崇拜存在着内在联系。

《王杖十简》内容为西汉宣帝本始二年（前 72）和成帝建始二年（前 31）皇帝颁布的有关王杖制度的诏令，以及和此诏令相关的典型案例。诏文明确规定了政府对 70 岁以上老人的种种优待："高年授王杖，上有鸠，使百姓望见之，比于节。有敢妄骂者、殴之者，比逆不道。得出入官府廊第，行驰道旁道。市卖，复毋所与，如山东复。""年七十授王杖，比六百石，人宫廷不趋。犯（非）罪耐以上，毋二尺告劾。有敢征召、侵辱者，比大逆不道。"

简文诏令对王杖主的尊崇度是相当高的。王杖主的社会地位相当于六百石体禄的官吏，可不拘礼节地出入官府，可在一般人禁止通行的驰道旁行走，不仅复除租赋徭役，做买卖还可免税，甚至犯了一般性的轻罪可不予追究。尤令人惊异的是这种规定：辱骂、殴打王杖主的人，"比大逆不道"，即要杀头。从前后两次发现的王杖诏令简册所举案例看，上述规定并非说说而已，是严格施行了的。十六个殴辱王杖主的人，包括一些地方官吏，都一律被判处了死刑。这充分显示了汉代统治集团以法律手段推行崇孝尊老政策的坚定性。在世界法律史上，书写了渗透着东方人文情怀的重要一页。

新城魏晋墓壁画砖

一砖一世界

一砖一画，笔法简练，形象生动，系统反映了魏晋时期的政治、经济、文化、军事、民俗、科技等内容。

嘉峪关市东北方的新城堡附近，分布着一个长达 20 多公里的魏晋墓群，散布着 1400 多座魏晋时期（220—420）的地下壁画砖墓群，这便是著名的魏晋古墓群，被誉为“世界最大的地下画廊”。墓中的葬品虽早已荡然无存，但保存完了大量好的壁画。这些壁画，在 20 世纪 70 年代得以陆续重见天日。墓画描绘了丰富多彩的现实生活，并具有浓厚的地域特色，反映了魏晋时期河西地区政治相对稳定、经济较为繁荣的安康局面。农作、畜牧、狩猎、蚕桑、庖炊、宴饮、歌舞出行、驿递等场面，令今日观者无不惊异于画师对社会生活各个领域的熟悉程度。壁画继承了汉代绘画风格而又有新的发展，大都采用勾填法。先用土红色起稿再以墨线勾勒轮廓，最后填涂与景物相应的各种色彩。线描奔放流畅，设色热烈明快，人物造型简洁生动。魏晋时期的绘画作品传世极少，堪称凤毛麟角，这批墓画，在一定程度上填补了我国绘画史上此时期的空白。嘉峪关新城魏晋墓室壁画砖的兴盛及形成其艺术特色具有深刻的文化渊源和背景。河西地区史前岩画艺术传统的承继形成了两者的文化渊源关系，河西汉画为嘉峪关新城魏晋墓室壁画的创作提供了范本，河西地区多元文化的交汇与融合对魏晋墓室壁画产生了重要影响，建安以来文艺各领域的变革和创作所形成的审美文化对魏晋墓室壁画的表现内容也产生了深刻影响。

魏晋壁画砖，除军事题材外，绝大部分都是一砖一画，笔法简练，形象生动，系统反映了魏晋时期的政治、经济、文化、军事、民俗、科技等内容，其绘画以中国传统的写实手法为主，早于莫高窟艺术，故称壁画砖，或画像砖。但也有几砖一画的，在几块砖上画一幅完整的画面，表现一个主题。有的则是用几个画面表现一个主题，而又能独立成画。

在整个墓群中，6 号墓出土最珍贵的是壁画。已发掘的 13 座墓中共出土 660 幅壁画砖，而 6 号墓就出土 132 幅，占了出土壁画砖总数的 20%。6 号墓看作是整个魏晋墓群的缩影。墓前室共 55 幅，主要是表现墓主人庄园经济生活的。中室共 65 幅，主要表现墓主人家居生活的。后室共 12 幅，主要是表现墓主人的财富的。画面反映最多的是农牧业，这说明农牧业在当时整个经济中的作用，同时为我们研究魏晋时期的农牧业，提供了一批珍贵而形象的资料。

“驿使图”壁画砖

魏晋（220—420）
长35厘米，宽17厘米
甘肃嘉峪关魏晋5号墓出土

“驿使图”壁画砖，出土于新城堡魏晋墓群5号墓中，画面为一骑马疾驰的信使。他头戴骊冠，神情肃穆，身着宽松长袍。一手紧控僵绳，一手举示传符。驿马四蹄腾空，奔驰在戈壁绿洲的道路上。画师对马的刻画最为精彩，此马粗颈肥臀，鼻阔耳削，细腿小蹄，显然是一匹善于奔跑的良马。它四足腾空，长尾平甩，高速驰骋的雄姿被描绘得淋漓尽致。特别值得一提的是马尾的处理，浓墨飞白，笔势如虹，一挥而就，有似神助。此画同大多数墓砖画一样，使用了勾填法，即先以土红色颜料起稿，再用墨线勾勒人物、景象的轮廓，然后在其中填绘相应的色彩。魏晋墓画所崇尚的这种艺术风格，在这幅驿使图中得到高度体现。

邮驿是中国传统通信组织形式，现代邮政的前身之一。驿骑就是骑马传递公文的人。古代凡递送往来公文，文职方面由驿夫驿马传送，武职方面则由塘兵塘马传送。信使如遇紧急公文，还得昼夜兼程地传递。“驿使图”壁画砖生动再现了当时西北边疆驿使驰送文书的情景，客观真实地记录了距今1600多年前这一地区的邮驿情形，被认为是我国已发现的最早的古代邮驿形象资料。这块写实砖画，在我国邮政史上具有重大意义。20世纪80年代初，在世界万国邮政博览大会上，此画曾作为中国邮政标志物。为纪念中华全国集邮联合会第一次代表大会的召开，邮电部于1982年8月25日发行《驿使图》纪念邮票一枚。

“耕种图”壁画砖

魏晋（220—420）
长35厘米，宽17.3厘米，厚45厘米

画面分上下两组，内容相同。前面二牛挽犁，一男子扶犁扬鞭，将土犁起；身后紧跟一女子，正在持碗撒种；最后是二牛拉耱，一童子牵缰立于耱上。砖画生动地表现了小农家庭春耕播种的忙碌情景。右上角朱书榜题“耕种”，展现了使用的各种农具及从耕种到收获的全过程。

“牧畜图”壁画砖

魏晋（220—420）

长35厘米，宽17.3厘米

画面自左至右绘黑山羊 3 只，白山羊 9 只，白牛一头，黑牛一头，右下方有一牧者，右手前伸呈扬鞭状，牧者前方朱书榜题“牧畜”。这幅牧畜图形象地再现了“河西畜牧为天下饶”的景象，同时也是少数民族文化和汉文化相互碰撞、融合的体现。

“烤肉煮肉图”壁画砖

魏晋（220—420）

长33.5厘米，宽16.5厘米，厚6厘米

画面右侧的大厨手持快刀在案上切肉，切碎的肉置于案下的盘中，厨工的宽袖舞动得不亦乐乎，生活气息很浓厚。案是汉魏时期居民生活中的日常用具，类似这样的场面其他墓中也有，如宰猪、杀羊、杀鸡等。

“双驼图”壁画砖

魏晋（220—420）

长35.5厘米，宽16.7厘米，厚5厘米

中央绘大小骆驼，左侧绘大树一棵，大骆驼昂首吃树叶。骆驼被誉为“沙漠之舟”，春秋战国时期，生活在河西的少数民族已开始驯养骆驼，至魏晋时期，骆驼在人们的生活中使用更加广泛。

“宴居图”壁画砖

魏晋（220—420）

长35.5厘米，宽16.7厘米，厚5厘米

中央跪坐女主人，身旁跪坐侍女四人，三人持扇，一人持物。画面上方绘盘、尊、勺等宴居器具。烘托了贵族妇女的一种精神生活。

新城魏晋墓内景

铜车马仪仗俑队

车如流水马如龙

这是迄今所知规模最宏伟、内涵最丰富、气势最壮观的汉代青铜车马俑队列。无论就其造型设计而言，还是就其铸作技术而言，均达到相当高超的水平，被公认为汉代青铜工艺的杰作。

1969 年，甘肃省武威市雷台东汉墓的发现，之所以轰动我国文博界，不仅仅是因为该墓出土了后来被选定为国家旅游标志的那匹蹄掠飞隼的铜奔马，还因为与铜奔马一起出土了一支反映武官出行壮伟场面的铜车马仪仗俑队。这支俑队共由 28 匹马、1 头牛、13 辆马车、1 辆牛车、17 个持矛戟武士、28 个奴婢组合而成，是迄今所知规模最宏伟、内涵最丰富、气势最壮观的汉代青铜车马俑队列。无论就其造型设计而言，还是就其铸作技术而言，均达到相当高超的水平，被公认为汉代青铜工艺的杰作。

武威雷台墓主是一位张姓将军，曾任过张掖（东汉时张掖县治位处今武威市境内）县令，后又兼为武威郡的左骑千人，乃全面掌当地军政大权

铜车马仪仗俑队

的一名武官。东汉后期，社会危机空前严重，统治集团巧取豪夺，聚敛民财，其奢华与腐败已呈不可遏止之势；而中央政权鞭长莫及的西北边郡，官吏们的僭越与跋扈，更非常规制度所能约束。雷台墓主的身份不过是六百石至多一千石的中级官员，但随葬的车马俑队已如此宏伟，其生前的骄奢可见一斑。

铜车马仪仗俑队

铜主骑

东汉（25—220）
高51厘米，身长41.5厘米
甘肃武威雷台汉墓出土

主骑形体高大，昂首作嘶鸣状。鞍、辔等已失，仅存铜鞯。鞯面敷粉，画有天马行空和云气纹以及边饰。

铜从骑

东汉（25—220）
高36.5~38厘米，身长34~36.5厘米
甘肃武威雷台汉墓出土

铜从骑侧首斜视，一足提起，作奔腾欲驰状。两匹马均将前右足提起，头向左侧。从骑是墓主人备用的乘骑。

执戟铜骑士

东汉（25—220）
马高39.3厘米，长34.94厘米
甘肃武威雷台汉墓出土

执戟铜骑士由骑士、戟、马、鞍组成。骑士跨坐马鞍上，戴巾帻，穿交领服，左手执辔，右手举戟。骑士的五官，马的眼、耳、口、鼻和鬃毛，均以朱红、粉白和墨线点绘。马背上附马鞍，沿边有环。鞍下马身有鞯，粉底朱彩。

执矛铜骑士

东汉（25—220）
马高39厘米，长33.5厘米；俑高27.7厘米
甘肃武威雷台汉墓出土

执矛铜骑士由骑士、矛、马、鞍组成。骑士跨鞍骑于马背，右手持矛。骑士的五官，马的眼、耳、口、鼻和鬃毛，均以朱红、粉白和墨线点绘。马仰首翘尾，四足伫立呈嘶鸣状。

铜骑吏

东汉（25—220）
马高38厘米，长27厘米，宽9.7厘米
甘肃武威雷台汉墓出土

铜骑吏由骑吏、马和鞍组成。马仰首作嘶鸣状，尾呈弧状，四足伫立，矫健有力；背附鞍，沿边有环。骑吏着武吏双角巾帻，穿交领服，左手执辔，右手握拳于胸前。两腿片状，跨坐于鞍上，当为骑士领队武吏。

御奴驾马铜轺车

东汉（25—220）
马高39厘米，长35.8厘米；车高32.4厘米，长31.5厘米
甘肃武威雷台汉墓出土

御奴驾马铜轺车由轺车、马、伞盖、御奴组成。车双辕前曲，连衡带轭有轨。两轮重毂，辐条12支。御奴穿交领服，双手拱举，做执辔驾驭状。车舆两侧有朱红幡，据《后汉书·舆服志》记载："朱两幡"为俸禄二千石以上的地方最高级官吏享用的乘舆。此车是出行仪仗队中的前导车。

铜斧车

东汉（25—220）
长58厘米，宽41厘米，高39厘米
甘肃武威雷台汉墓出土

铜斧车为双曲辕小车，连衡带轭，两高轮各有辐条 12 支。长方形舆，两较悬幡，出土时其红色贴帷残迹尚可辨识。舆底作镂空菱形格，轼中部树一穿柄铜钺，御者在其侧。驾马粗颈肥臀，硕壮稳健，平首张嘴，作嘶鸣状。车、马、俑均采用分部件铸制，然后装配衔接，工艺精巧，形象逼真。

铜车马仪仗俑队

仪仗队中设斧车，是秦汉时代施行的一种舆服制度。据《后汉书·舆服志》载，公卿百官的出行队列，“县令以上，加导斧车”。斧车为仪仗队导行，其作用是炫耀主人的权势与威严。斧车之所以代表权位，缘于斧在我国古代文明中的特殊地位。考古研究表明，石制的手斧，曾经是幼年期人类最普及、最重要的工具和武器。甲骨文、金文中，父亲的父字即为手持石斧之形。手持斧劳作，是父辈们给儿女留下的最深刻的印象，所以造字时也便采用了斧的形和音。此已足能证明斧对人类的意义。后来人们将石斧凿孔加柄，使石斧的使用范围和威力发生了质的飞跃，其在社会生活中的作用和意义便更加突出了。因此，我国中原地区进入文明社会后，一种青铜制作的弧刃大斧（被称为“钺”），便在所有武器中最受尊崇，并逐渐成为刑杀的象征。商、周时代，斧钺是执掌军权的信物，君王对于领兵进行征伐的将帅，要“赐斧钺”，表示授予其指挥权和生杀权。如商末纣王任命周文王为“西伯”时，即赐斧钺，“使得专征伐”。周宣王时代的名器虢季子白盘，其铭曰周天子“赐用钺，用征蛮方”。晚至三国时期，诸葛亮在《街亭自贬疏》中仍谓自己“亲秉旄钺，以厉三军”。所以说秦汉时的斧车导行制度，实即商、周“赐斧钺，专征伐”军事传统的历史惯性伸延。

汪世显家族墓出土文物

打探汪家私府

墓群所呈现的汪氏家族的显赫鼎盛历史罕见，是元代政治军事、经济文化、社会习俗、建筑技术以及少数民族与汉族大融合的实证。

汪世显家族墓位于甘肃省漳县城南 2.5 公里的徐家坪，是元代陇右王汪世显及其后裔的家族墓地，是目前为止发现的国内保存最完整的元代家族墓葬。元代在历史上存在时间短，又经常处于战乱中，所以遗存较少。较大型的元代遗迹主要集中在内蒙古，如察右前旗土城子元集宁路遗址，察右中旗广益隆古城以及元丰州城遗址，主要出土一些窖藏文物，有较精美的丝织品和瓷器，此外其他各地多为零星小墓。而汪氏家族墓墓区面积大，据传原有封土多座，可惜历代损毁不少。据《汪氏族谱》及有关资料记载，从公元 1243 年汪世显葬此开始，至明万历四十四年（1616）止，在 370 余年内，共有墓葬 120 余座，葬有汪氏家族 14 代 200 余人。汪世显（1195–1243），字仲明，巩昌盐川（今甘肃省定西市漳县）人，蒙古族汪古部，金朝及蒙古国大臣。汪世显在蒙古攻打四川的过程中战绩卓著，官至巩昌便宜都总帅。元世祖中统三年（1262），追封陇西公，谥义武。元仁宗延佑七年（1320），加封陇右王。

从考古发掘来看，汪世显墓为方形墓室、圆形穹顶，汉族传统的砖木结构，多数墓室四壁有雕砖镶嵌，整体形状又呈蒙古包状，具有明显的“蒙汉一家”民族大融合特色。整个墓群 1972 年以来，考古人员先后发掘清理墓葬 17 座，迄今共出土陶、瓷、铜、竹、木、金、银、玉、丝织品及墓志等文物 735 件，其中 225 件由省博物馆收藏。其中以花草飞鸟纹瓷坛、元代的衣帽、木房屋模型等最为珍贵。从墓室结构看，汪氏家族墓与宋墓相似，由墓道、甬道、墓室三部分组成。有方形、覆斗顶或券顶和盈顶式，并有竖穴土坑墓。墓室装饰极为华丽，有反映墓主人和当地人民生活的画像砖，有神话故事的壁画，有刻有二十四孝图、鹤鸟、花草、天马、牡丹和飞人的砖雕。

元墓群所呈现的汪氏家族的显赫鼎盛历史罕见，是元代政治军事、经济文化、社会习俗、建筑技术以及少数民族与汉族大融合的实证。这些文物及墓窑本身，为研究元代的政治、军事、文化、社会生活习俗以及建筑技术、房屋殿宇结构等提供了极有价值的实物资料和文字资料。专家们指出，该处墓葬群不仅成为目前我国发现的最大的元代墓葬群，而且因葬仪丰厚而具有其他元墓不可望及的历史、科学和文化艺术价值。

木屋

元（1206—1368）

长156厘米，东头（棺首）宽31.5厘米，西头(棺后部)宽28厘米，通脊高78厘米，屋檐高61厘米，地面至普拍枋高52厘米

甘肃漳县汪世显家族墓出土

木屋（局部）

木屋（棺罩）一座，置北棺盖上，东西向顺放。屋为七间歇山顶，屋顶两面坡比较平缓，顶表以墨绘出宽条瓦楞。正脊头端作云头形。斗拱为单抄下昂、计心造四铺作，昂嘴作劈竹状，耍头为蚂蚱头，一跳华棋前伸出一个假昂。正、背面各为十一朵，四角有双下昂转角铺作各一，两山面下各为一朵，共为二十八朵。柱头科、辇间科的制作不甚端正照应。撩檐枋与普拍枋在转角处都是交插，普拍枋与栏额断面呈“T”字形。屋东头（即东山墙下）天地栿及两立颊均在外，门二扇安在墙里。正、背屋门均做悬牙雕刻。正面（南）当心间作壶门，上彩绘二立侍女；背面（北）当心间亦作壶门，上亦绘二立侍女。东门内另插木板，高 34.6 厘米、宽 17.1 厘米、厚 1.5 厘米，绘垂帐檐下端坐一老年妇人。对研究元代建筑提供了重要的实物资料。

菱花织金锦抹胸

元（1206—1368）
长26厘米，宽30厘米
甘肃漳县汪世显家族墓出土

这是一件女子内衣。抹胸形似背心，为两层，表层为色彩艳丽的菱格宝相花纹织锦金，衬里为褐色的麻制品。前面开襟，有九个盘花袢扣，背后有两条下垂的带子，还有棕色相交叉的布带两条，这种抹胸是目前国内仅有的一件。

镶宝石笠帽

元（1206—1368）
帽径35厘米
甘肃漳县汪世显家族墓出土

笠帽圆形宽沿，以竹丝为胎，外裹黑纱，帽顶镶玉裹金，由帽顶垂系以 31 颗珠玉组成的串链。这件丝织纱帽，制作精巧，表现出蒙古族官帽的鲜明特色。

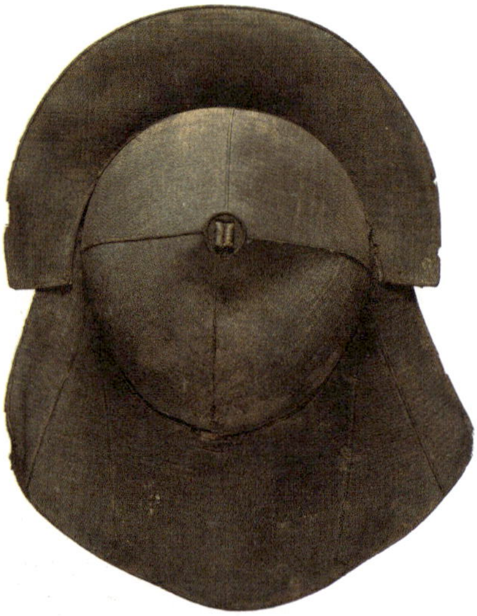

前加檐笠帽

元（1206—1368）
高12.5厘米，长37.5厘米，宽30厘米
甘肃漳县汪世显家族墓出土

这种式样的帽子相传是元世祖忽必烈的皇后察必发明的。元世祖忽必烈骑马射猎时日光炫目，因此皇后为他设计了这种前面加檐的帽子，他非常喜欢，将这种式样固定下来，以后国人纷纷效仿，成为一种流行款式。

妆花凤戏牡丹纹绫夹衫

元（1206—1368）
衣长63厘米，两袖长115厘米
甘肃漳县汪世显家族墓出土

对襟直领，花纹为挖梭织制，即妆花。图二为二方连续的花鸟纹，凤凰和花朵相间排列。对襟镶棕色边。似是女子套在窄袖衫外面的半袖衫。

罗质夹袄

元（1206—1368）
衣长66.1厘米，两袖长177厘米
甘肃漳县汪世显家族墓出土

这件罗质夹袄为黄褐色对襟直领，短衣窄袖，中间充有棉絮。这是汉族妇女穿的冬装，一般在棉袄的下面配有一件长裙。

妆花云雁衔苇纹夹纱袍

元（1206—1368）
衣长158.5厘米，两袖长约190厘米
甘肃漳县汪世显家族墓出土

这是一件汉族男子穿的夏装。驼黄色，交领，左衽，窄袖。整件袍子用四方连续的云雁衔苇纹纱作面，方孔纱作里制成。在前胸部还绣有绿色的鸾鸟衔枝纹图案，面料稀薄透明，显示了元代高超的纺织技术。

粧金纱

元（1206—1368）
甘肃漳县汪世显家族墓出土

此墓葬中同时出土了许多元代的高级丝织品。它们不仅是罕见的早期缎物标本，而且花色品种很多，非常珍贵。此件粧金纱就是其中高级缎纹织物的一种，如棕色团花粧金缎、粧金或银天马纹缎、粧银簇花纹缎等。

釉里红高足杯

元（1206—1368）
高8.7厘米，口径8.9厘米，足径3.6厘米
甘肃漳县汪世显家族墓出土

高足杯上部呈碗状，尖唇，侈口，曲腹，高足呈喇叭形，有两处竹节形装饰，底部外撇。胎质细腻坚硬，施青白釉，釉质广润，腹部涂抹饰釉里红斑，色彩鲜艳纯正。

新石器时代晚期的大汶口文化遗址就出土有称为高足杯的器物，元代之前称为高足杯的器物也不少，但元代高足杯器形的来源系统应与汉地高足杯的系统不同，而与蒙古人的生活习俗有着密切关系。元代为蒙古族所创建，蒙古族被称为“马背上的民族”，与马有着极其紧密的联系。高足杯即是马上文化的代表，最初为马上饮酒所制，后来也称为“马上杯”“靶杯”。杯下高足多有竹节状装饰，适合人的手指把执；杯体量适中，手握把手适合在马上饮酒；高足上窄下宽，便于系在马侧，不易掉落。关于元代瓷质高足杯的来源，很可能是模仿同时期蒙古贵族所用金银器高足杯制成。可以说高足杯是元代新出现的器形，高足杯源于草原游牧民族生活的习俗，随着蒙古族入主中原后，高足杯大量烧造，成为元代最有特色的器物。

元代釉里红是陶瓷装饰史上的一项伟大创新。元代是中国陶瓷艺术发展史上的重要转折期，宋代各大名窑在元代出现了许多新的变化，釉里红的创烧即是其中之一。但元代釉里红的烧造难度极大，流传至今的元代釉里红整器不足百件。釉里红是釉下彩绘的一种，是以铜红料在瓷坯上绘制，然后施以透明釉以高温一次烧成。

金人与蒙古人相继入主中原，引发了一次又一次的北方移民南下的浪潮，景德镇窑场接纳了来自北方的能工巧匠，包括已经熟练掌握钧窑铜红釉烧造技术的工匠。元代景德镇窑工们对钧窑瓷器的铜红釉呈色机理做了深入研究和借鉴，结合同一时期使用氧化钴料烧制青花瓷器的做法，创造性地将铜红釉烧造技术与景德镇的“温润如玉”的白釉融为一体，实现了元代景德镇釉里红的成功烧造。即便如此，元代釉里红瓷器还是十分罕见，蒙古族是一个崇尚蓝色与白色的民族，而西亚各国的伊斯兰教徒也有崇尚蓝白色的习惯，对元代青花形成了一个极为广阔的市场。加上元帝国地域广袤，商路更为通畅，使艺术家、工匠与制作青花的钴料运输等来往更加便利，加速了元青花从创烧到成熟的过程。而釉里红因其发色局限性和工艺的复杂性，特别是当政的蒙古民族并不喜爱红色，其市场需求小而局限性较大，直至元代中后期，釉里红工艺较为成熟之时，由于其稀少，仅能供应较为特殊的对象。所以，釉里红往往只是应用于制造一些制作精美、级别较高的器物。

元代釉里红器物弥足珍贵的最主要原因是其要求高超烧造工艺。青花瓷器与釉里红瓷器虽同属釉下彩瓷器，但青花的呈色剂是氧化钴，呈色稳定，所以元代青花瓷器发现较多。而釉里红的呈色剂是氧化铜，极易挥发，因此对窑室的烧造环境要求十分严格。窑室的温度稍微有变化，便不会出现满意的效果。与此同时，还原铜在高温下容易挥发，容易流窜或者融合，所以烧造时既需要高温，又要控制得相当严谨，技术要求十分苛刻。汪氏家族墓出土的这件釉里红高足杯最大特点是釉色艳丽纯正，世所罕见。纵观留存至今的元代釉里红器物，大多或红色发暗，或红色很淡，或有的部分釉里红已烧飞，更有的呈色为黑灰，而且晕散现象普遍。而汪氏家族墓出土的这件高足杯可谓十分完美。汪氏家族墓出土的这件釉里红高足杯无论从形制、釉色、装饰手法和工艺水平上堪称完美，特别是其隐形竹节状把柄和呈现艳丽纯正的胭脂红色彩极为少见，整个器物仿佛一朵鲜红欲滴盛开的花朵，器形虽小，却显示出大家之风范，完全可以称得上元代釉里红瓷器的杰出代表。

如此珍贵的釉里红高足杯在汪世显家族墓地出现并不意外，汪氏不仅是元代西北地区传世最久、影响巨大的世侯之家，在全国范围内也极为罕见，颇受时人仰羡。汪氏一族，征战西南，军功显著，封王、封公者不少，为高官者极多，有汪良臣、汪惟勤两人为驸马，与元朝王室联姻，汪氏族人又极好收集经书古玩，曾建“万卷楼”收藏“图书、琴、剑、鼎、砚、珍玩，横陈其间，皆希世宝”。无论汪氏族人收集，还是君王赏赐，或公主陪嫁，都符合汪氏家族显赫之地位。

定窑刻划莲花纹瓷洗

定窑刻划莲花纹瓷洗

北宋（960—1127）
高3.6厘米，口径14.8厘米，底径8.9厘米
甘肃漳县徐家坪出土

定窑刻划莲花纹瓷洗

这件瓷盘，就是北宋定窑白瓷的代表性作品。敞口，外斜壁，腹较深，已接近于洗形，矮圈足，平底。内底刻花，卷叶折枝似萱草卉瓣平展又如莲花，花、叶参差相配，形态舒逸大方。外底亦施釉，正中刻楷书“复古殿”三字，右侧刻一“冬”字。“复古殿”为历年发现的定窑瓷器铭文中较为罕见的，复古殿为南宋高宗时所建，为皇帝燕居休息的场所，是当时禁中避暑胜地。理宗撰有《复古殿记》和相关的诗歌。至于铭文“冬”字，有可能是冬日所刻，亦或有其他意义。

我国制瓷业发展到宋代，进入全面繁荣的高峰期。现在已知的北宋窑址，遍布全国 17 个省份，130 多个县，形成了对后世影响深远的五大窑系：定窑、汝窑、官窑、哥窑、钧窑。它们各领风骚，共同显示着宋代制瓷业的辉煌。其中定窑窑址在河北曲阳县涧磁村一带，曲阳在唐宋时行政上归属定州，定窑之名由此而来。唐后期定窑已经存在，而其全盛期在北宋。定窑以烧制白瓷而著称于世。白瓷最早见于北朝末期，至隋代烧造技术才臻于成熟，至唐即迅速发展成为与青瓷并驾齐驱的又一大瓷类。白瓷的创制是瓷器史上的一个飞跃，需经精选胎土，严格控制胎、釉的含铁量，从而克服氧化铁的呈色干扰，方能烧成。白瓷的问世满足了人们对纯净亮洁的极色美感需求，并为后世青花五彩、粉彩等艳丽瓷品的产生奠定了底色基础。

白瓷是首先在河北地区孕育发展起来的，唐代河北的邢窑即以生产白瓷而名震九州，其产品在当时已有“如雪”之美誉，和有“千峰翠色”口碑的浙江越窑青瓷同负盛名，世称“南青北白”。定窑承袭了北方的白瓷烧制传统，并在造型和工艺上有了进一步的发展和创新。釉色除了纯白外，又出现了白中闪青或闪黄的色调，有的呈象牙般的暖白色，柔和悦目，令人爱不释手。除保持料优、胎硬、色净、型美等白瓷固有特点外，又将模印贴花、画花刻花、浮雕等装饰技法，引入白瓷烧制中来，使高档白瓷在洁净雅素的艺术风格中，又增添了许多鲜活俏丽的气质。

由于定窑产品质地优良，曾一度为北宋王朝烧制宫廷用瓷。在官府的特殊扶植和监督下，定窑在各方面不断得到加强，一些优秀匠师汇集该窑，从选料、成胎到施釉、烧制，各道工序都有严格要求，使白瓷产品一直保持质量全国最佳的地位。定窑白瓷声望日隆的原因之一是其装饰工艺精益求精而且能刻意创新。尤其是印花、刻花技术，已达到构图清新完美、线条工整流畅，素而不苟、密而不杂的境界，成为许多瓷窑竞相仿效的范样。不仅北方的瓷窑、四川的彭县窑、江西的吉安窑，甚至景德镇窑，都受到定窑印花刻花白瓷工艺的影响。

大堡子山秦贵族墓葬出土文物

劫后余生的国家宝藏

大堡子山秦先公陵园的发现对研究秦人早期历史、认识秦统一中国的条件以及早期秦与欧亚内陆地区的交流弥足珍贵，为秦文化的研究开拓了全新的视野。

据《史记·秦本纪》言，至迟在秦之先祖中潏时代，已“在西戎，保西垂”。其后裔非子被周孝王封于“汧渭之间”的“秦”地，秦仲时升封为“大夫”，迁居于陇上。再后的秦庄公、襄公、文公，皆居犬丘（或曰西犬丘）。这又名“西垂”的“犬丘”，汉、唐学者早已指出，即汉代陇西郡一带，后世史籍多泛言云“天水西南一百二十里”处。有专家考定，先秦犬丘的位置，绝不出今甘肃省西汉水上游礼县、西和两县交界地带，其最大可能，即在永兴、长道二镇附近的西汉水北岸。作此判断的重要依据之一，便是礼县大堡子山秦先公陵园的发现。

20 世纪 90 年代中期，在甘肃礼县大堡子山发现了两座车马坑及墓葬

垂鳞纹秦公鼎

春秋（前770—前476）

高37.5厘米，宽38.5厘米

数十座，后经考古发现，确认为秦公西垂陵区。大堡子山秦墓出土了大量的金饰品和青铜器。如口唇纹金饰片、云纹圭形金饰片、竖线纹金饰片和垂鳞纹秦公鼎、青铜鼎等青铜重器。甘肃地处东西南北的交通要道，农耕、游牧文化圈在境内相切相交。这种地理人文背景决定了甘肃青铜器类型、风格的多样性和特异性，不少器物闪现着瑰奇的异域色彩。无论是青铜器器形、纹饰、铭文格式还是铸造技术等方面，都体现了秦文化与中原文化血脉相通的特性，有着极其重要的价值。然而，大堡子山秦墓曾遭盗墓者多次洗劫，很多文物流落法国等地。但可喜的是，通过中法两国政府的友好合作和相关人士的积极努力，2015 年流失海外 20 余年的 32 件春秋时期文物回归祖国，并经国家文物局批准划拨至甘肃省博物馆永久收藏。

甘肃礼县大堡子山秦陵的发现，不仅印证了《史记·秦本纪》关于嬴秦早期历史的记述，更使一大批春秋时期的秦国青铜器和金饰品重见天日，为秦文化的研究开拓了全新的视野，也为推动秦国青铜器的研究提供了珍贵的资料。它对研究秦人早期历史、确定秦人早期迁居地、认识秦统一中国的条件以及早期秦与欧亚内陆地区的交流，都是弥足珍贵的。它是近年来中国重大的先秦时期考古发现，被评为 2006 年全国十大考古发现之一。

垂鳞纹秦公鼎，其高 37.5 厘米，宽 38.5 厘米，外折沿，平唇，双立耳宽厚，微外撇。敛口，浅腹下垂，圆底近平。三粗蹄足，足端微内收，足上部有山字形三齿扉棱。口沿下饰一周含目窃曲纹，目作乳钉状突起，腹部饰三周鳞片相错的垂式重鳞纹，颈、腹部间隔两道凸弦纹，耳外廓饰

金饰片

春秋（前770—前476）
原藏法国吉美博物馆，现藏甘肃省博物馆
甘肃礼县大堡子山出土

扁、圆相间的重环纹，足上部以扉棱为鼻脊饰兽面纹。器腹内壁两行 6 字铭：“秦公作铸用鼎”，字为錾刻而成，字体略显草率，笔画细浅，但却流畅无滞，结构紧凑，已基本具备春秋秦字整齐劲秀的风格，体现当时经济文化的进步和先民们的审美情趣。从工艺水平看，年代较早的大堡子山秦器的铸作技术与周器还有很大差距，部分器物器形不够规整，器壁厚薄不匀，纹饰也较粗糙，线条不够流畅，有的铭文是凿刻而成。

鸱枭形金饰片，高达 52 厘米，宽 32 厘米，钩喙，环目，凸胸，屈爪，通体饰变形窃曲纹。与金鸱枭同时出土的，还有数量更多的口唇纹（亦称重环纹）鳞形金饰片（另有一些呈云纹圭形和兽面纹盾形），甘肃省博物馆之前曾征集到 15 件。它们大小不一，一般长度在 12.5~75 厘米间，宽度在 3 厘米左右；最小的一种，长约 4.3 厘米，宽约 1.1 厘米。这批秦公大墓金饰片，已被定为国家一级文物。

这批鸱枭形饰片与鳞形饰片据专家推测，系秦公棺椁上对伏金鸷形饰的组成部分。前者为鸷鸟的头、胸部，后者则为鸷鸟身、尾的羽饰（应称之为“口唇纹羽形金饰片”）。这类羽瓣饰片略呈长方形，但有一短边作流波状，恰似数学算式中的大括弧。与波弧边相对的平边一端，两角部位各有两个小钉孔。不难推想，当年为此椁饰时，这有钉孔的一端必叠压在前上方另一页金片之下，呈鳞瓦式排列状态，以表现鸷鸟华丽的羽毛。这些金饰片，虽经约 2700 年的黄土埋蚀，如今仍然熠熠耀目，可想当年由它们组成的一对对大金鸟是多么灿烂壮观。古史载秦人女祖吞玄鸟之卵而生其后。秦人之远祖，有的善于“驯鸟兽”，有的“鸟身人言”，有的“人面鸟喙”，有的号“鸟俗氏”，有的“知百鸟之言”……总之大都与鸟有关。显然，秦人盛行鸟始祖崇拜，是以鸟为图腾的部族。秦人自以为主少昊之神，奉东夷部族首领少昊。秦襄公被周王朝封为诸侯之后，所做的第一件大事便是“立西畤”，祀白帝少昊。而少昊正是我国远古时代最著名的鸟图腾部族首领，《左传》说他“纪于鸟，为鸟师而鸟名”。而且，少昊名“挚”，有的古籍说他名“质”，《释文》载“鸷友挚同”，本字当作“鸷”。鸷为一种凶猛的大鸟，少昊名鸷，正合原始社会部族首领以其部族图腾为名的习俗。礼县大堡子山秦公大墓所出鸷鸟形及羽瓣形金饰片，印证了秦人先祖的卵生神话，为秦人的族源做了最具说服力的昭示。

人头形器口彩陶瓶

河畔的千岁少女

它无疑在史前时期是一件特殊的彩陶，不仅仅是为了装点生活而制作，其中必定蕴含着更多精神层面的意义，令人产生无限遐想的美。

这件彩陶瓶属于仰韶文化早期，出土于甘肃天水秦安县大地湾。位于口部的圆雕人头像，披着整齐的短发，五官位置均匀端正。双耳有系挂饰物的小穿孔。整个人头形器口彩陶瓶，宛如穿着花衣的美丽少女。从人像的发式来看，正是古羌族的披发样式。该瓶人头像五官端正，位置安排得均匀恰当，并能准确把握体面的转折关系。瓶体从上到下饰三层大体相同的黑彩图案，其主题花纹分为两部分：其一是两个弧边三角纹构成一空白圆圈，内中填充弧线和垂弧；其二构图较复杂，由斜直线、侧弧及凹边三角纹组成。从头部形象分析，多数人认为是一女性形象，有人还认为是风华正茂的少女，也有人从整体造型着眼，推测应是一位衣着华丽的孕妇，

人头形器口彩陶瓶

新石器时代仰韶文化（距今5500年前）
高32.3厘米，口径4.5厘米，底径6.8厘米
甘肃秦安大地湾遗址出土

是先民们借以寄托繁衍人口的良好意愿，有人更倾向于这是一位女神的观点。无论如何，它无疑在史前时期是一件特殊的彩陶，不仅仅是为了装点生活而制作，其中必定蕴含着诸多精神层面的意义，令人产生无限遐想的美。

人头形器口

这件精品的征集过程还有一段鲜为人知的曲折故事：20 世纪 70 年代初，秦安五营邵店村二队农民张德禄同社员们一起搞农田基建，一镢头下去掘出个“物件”，他仔细地擦掉上面的泥土，显露出了本来面目。既有泥捏的人头，还有好看的花纹，实在不忍丢弃，于是拿回家去当摆设。又找来水泥将上腹部的裂缝粘牢，继续把它摆放在家里的柜子上。直到 1978 年，大地湾发掘开始之后，这位农民把这个珍藏多年的“宝贝”交给了省城来的考古人员，自此，这件后来名扬四海的稀世珍宝才走出大山得以面世。

许多古代文明是由大河的滋养而繁衍的，奔腾不息的黄河孕育了伟大的古代文明。黄河流域主要的新石器时代文化是以彩陶为特征的，绚丽精美的甘肃远古彩陶，是黄河文明序章中最辉煌的部分。甘肃彩陶有着源远流长的发展历史。在黄土高原西南麓的陇山山前地带，由于渭河经久不断地暴涨泛滥，两岸冲积出肥沃的土壤，宜于人们居住和耕作，成为中国农业文明的发祥地之一。这里纯净细腻的土质，为制作陶器提供了优良的陶土。这不仅使陇原一带较早地产生了陶器，而且成为中国最早产生彩陶的地区。

在甘肃秦安县大地湾新石器时代遗址进行的考古发掘，发现了比仰韶文化半坡类型更早的文化遗存，被命名为大地湾文化。大地湾一期遗址的碳素测定年代为距今 8000 年左右，将甘肃已知的新石器时代的年限上提了 1000 多年，与中原地区的裴李岗文化和磁山文化同为黄河流域较早的新石器时代文化，这表明了甘肃远古文化有本土的渊源。距今 8000 年左右的大地湾文化彩陶，不仅是迄今所知中国最早的彩陶，而且与世界上最早出现彩陶的西亚两河流域的哈苏纳文化的年代大致相当，也是世界上最早含有彩陶的古文化之一，表明中国彩陶产生的时间并不晚于两河流域，甘肃彩陶并非西方传入，从这个意义上讲，甘肃可以称作彩陶的故乡。

肩水金关纸

一纸千年

这份肩水金关纸即为我国早期纸张的著名标本之一，其时代为西汉宣帝年间，比蔡伦在世时要早一个半世纪。

肩水金关位于金塔县城东北152公里的黑河东岸，距东大湾城7公里。故址四周是戈壁荒漠，有零星适宜耕种的土壤，有极少耐旱植物生长。肩水金关为汉代烽塞关城，是当时进出河西、南北交通的咽喉，取名金关，含有“固若金汤”之意。

金关建于汉武帝元狩二年（前121）至太初三年（前102），距今已有2000多年的历史。其主要建筑有两座对峙如阙的长方形夯土楼橹构成的关门、烽台、坞和一方堡等遗址，现仅有一烽台。1930年，前西北科学考察团在此挖掘汉简850枚；1973年，甘肃省居延考古队又掘出汉简11577枚，出土的汉简占居延汉简的三分之一之多。发掘其他实物1311件，

肩水金关纸

西汉（前206—25）
长21厘米，宽19厘米
甘肃金塔肩水金关遗址出土

肩水金关遗址

有货币、残刀剑、箭、镞、表、转射、积薪、铁工具、铁农具、竹木、器械、各类陶器、木器、竹器、漆器、麻、毛、衣服、鞋、帽、鱼网、网梭以及小麦、大麦、糜、谷、青稞、麻籽等，还有启信、印章、封泥、笔、砚、尺、木板画和麻纸等。

肩水金关纸出土于金塔县天仓乡北部的汉代肩水金关边塞遗址。系用废旧麻絮、绳头、敝布等原料制成，以苎麻成分为主。此纸出土时被揉成一团，后经修复展平。一面平整，一面略糙，色泽匀净，质地细密坚韧，纤维有明显的分丝帚化现象。

造纸术是中华民族对人类文明的一项伟大贡献，极大地推动世界文化事业的发展。造纸术的发明，传统说法归功于东汉和帝时的宦官蔡伦。近世考古研究已修正了这种旧说，因为蔡伦之前的汉纸实物已多有发现。这份肩水金关纸即为我国早期纸张的著名标本之一，其时代为西汉宣帝年间，比蔡伦在世时要早一个半世纪。事实上，造纸术不可能是某个人的偶然性成就，它应当是劳动人民长期实践经验积累的产物，而且必须有一个从萌生、发展到成熟、普及的过程。蔡伦的功绩在于显著地改进了造纸术。他用树皮、麻头、旧布、鱼网等物为原料，通过捣烂、打浆，提取出纯净的纤维造纸，提高了纸的质量，从而极大地促进了造纸事业的发展和推广。从肩水金关纸到“蔡侯纸”，不过是我国造纸工艺史上的一个重要段落而已。

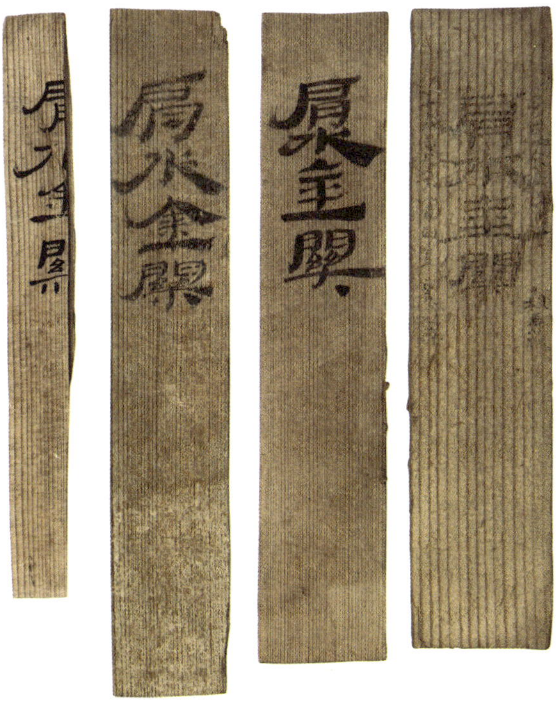

汉代“肩水金关”简牍

旋纹尖底彩陶瓶

波涛汹涌　激流旋涡

一件形神兼备的艺术珍品，在有限的面积内表现出了广大的空间，这种原始艺术扑朔迷离的内涵和永恒的魅力，令人无比神往。

这件精美的旋纹尖底彩陶瓶用细泥红陶制成。大口微敛，卷唇鼓腹，下腹内收成小平底，施黑彩。喇叭形口沿，细颈，圆肩，器身逐渐均匀缩小，尖形底，腹部饰双耳。器表饰黑彩不到底，颈部至肩部饰黑色平行条纹，器身饰四方连续旋涡纹，弧线勾叶纹，旋涡纹宛如水面四溅的涡点，似投石击水，浪花旋转，具有强烈的动荡之感，蕴含着自然的规律。这种旋涡纹与作为容器的陶瓶十分协调，实属一件形神兼备的艺术珍品，在有限的面积内表现出了广大的空间，这种原始艺术扑朔迷离的内涵和永恒的魅力，令人无比神往。

尖底瓶也叫汲水器，是当时人们用来把低处的水打上来所用的容器，

旋纹尖底彩陶瓶

新石器时代马家窑文化（距今4800年前）
高26厘米，口径7厘米
甘肃陇西吕家坪出土

旋纹尖底彩陶瓶（局部）

腹部双耳系上绳子后可以用手提着去打水，也可以绑在腰上或挂在颈部，便于携带。当它接触水面时会自然倾斜，装满水后瓶身自动耸起，与水面保持平衡，这种奇特现象与近代物理学中重心原理惊人地相似。尖底彩陶瓶造型设计得科学合理，充分显示出早在5000多年前先民们的聪明才智和高超的技艺，同时也体现了马家窑类型彩陶令人惊叹的艺术成就。

说起尖底彩陶瓶的来历，还有一段有趣的故事。1974年，定西地区文物普查组对全区七县的文物保护单位进行全面普查摸底工作，当普查组对位于陇西县首阳镇卅铺村吕家坪社的新石器时代文物遗存——吕家坪遗址查完后，在该村村民家吃饭时，陇西县文化馆文物组组长王鸿仪同志无意间看到主人家房檐下悬挂着一个形状奇特的物件，一种职业的敏感使他意识到这不是一般的器物，很可能是一件出土文物，于是就叫主人从墙上取下来，仔细观看，发现器物外表呈土灰色，里面装着润滑油。经过王鸿仪等人的仔细鉴别，初步确认是一件少见的尖底陶瓶，就把它征集了下来，拿到当时的陇西县文化馆进行收藏。据村民回忆说："这件器物是三年前在位于吕家坪以南的三角地带取土时挖出来的。"其实当时器表呈现的土灰色是一层水锈，也就是我们所说的钙质，由于长期埋藏于地下表面被钙化。县文化馆文物组的同志把器物表面部分松散的土质轻轻擦去后，突然发现口沿处有一小部分略呈黑色，随后就拿到省博物馆进行鉴定。经过专家们对尖底瓶表层进行特殊的化学处理后，器表一层钙质被除去，美丽的图案，鲜艳的色彩，立即显示出来，真是一件绝无仅有的艺术品。这就是后来被学术界认定为马家窑类型彩陶中最具有代表性的器物——旋纹尖底彩陶瓶。

尖底彩陶瓶的出土，真实再现了陇中一带先民们高超的造型能力和出神入化的表现手法，神奇地创造了最能显示出在当时历史条件下所标志的最先进的生产力和文化水平，是彩陶文化发展的里程碑。

白草坡西周墓出土青铜器

震撼世界的青铜王国

白草坡西周墓群位于甘肃省灵台县西屯乡白草坡村，共出土各类文物 1000 多件，主要有铜器、陶瓷和玉石三大类，铜器数量和种类最为丰富，其中 27 件属国家一级文物。

白草坡西周墓葬群的发现是一次偶然。1967 年 9 月的一天，白草坡大队两个放羊的社员，躲进山坡一处废弃山洞避雨时，无意中用镰刀在地下刨出了一些“废铜烂铁”，消息不胫而走，吸引了许多村民在山坡上四处挖掘，挖出的大量青铜器、箭镞等都被当作废品卖给了收购站。据说在村民挖掘出的文物中，一只青铜筒形提梁卣被撬开盖后，发现里面盛有液体，据说还散发着淡淡的酒香。遗憾的是，这一卣内所盛，后被考古专家推断为国内除已发现的汉代酒之外存世最久的酒，当时却被倒掉了。

这年 10 月，考古队进驻了现场，大规模发掘开始，一批批青铜器的出土让考古人员欣喜若狂。

依据出土青铜器的铭文，其中最重要的是 1 号墓和 2 号墓，此二墓和车马坑相距很近，自成一墓区。根据随葬青铜礼器的铭文，可以确定 1 号墓墓主是㴬伯，2 号墓墓主是𨸏伯，年代约在康王和昭王时期。但史书中并无这两人的记载。

㴬伯、𨸏伯的两座墓虽然形制属于中型墓葬，但随葬品却是非常之多，仅仅是常见的戈，这里就出土了 57 件，有十多个类型。这在一般西周的贵族墓地是罕见的。

时光回到殷末周初，灵台地区是周王室的西北边境门户，当时这里分布着鬼方等许多少数民族和共、阮、彭、卢、密须、虞、芮等方国。武王克商后，封同姓诸侯，密须国以附近的密山而得名。从周武王到周康王，这里的混乱局势持续了 100 多年，直到周昭王平定了东方诸国后，才镇压鬼方等部族方国。

白草坡村一带控制着各个方国部族东进通向周都镐京的咽喉，又是北方少数民族南来北往的要冲。周康王自然也不放过这块地方，把㴬伯、𨸏伯派遣到此，镇守这个要冲。

方鼎

西周（前1046—前771）
高24.5厘米，口长18.5厘米，口宽14.6厘米
甘肃灵台白草坡出土

鼎身呈长方形，四柱足，腹部起扉棱，饰兽面纹、雷纹四组，四足各饰兽面纹一组。器内壁有铭文。

方鼎兽面纹

鼎居古代礼器之首，是青铜制品中最受重视的器型。传说黄帝曾铸宝鼎三只，以象征天、地、人。这多半是后人的附会。但史载夏禹“铸九鼎，象九州”，却很可能是事实。因为考古学业已宣告，夏初正是我国青铜制造业兴起的时代，已具备铸鼎的物质技术条件；而有些先秦史事，也分明涉及“九鼎”，当时实物的确存在。九鼎成为三代传国重宝，标志着最高权力，被视为社稷的象征。鼎寓含这种神圣意义绝非偶然，这首先和它的功能有关。鼎最初是烹煮肉类食品的炊器，后来用途渐有分工，有的鼎专用于火上炊煮，更多的鼎则作为盛置肉类的食器，同盛置黍稷类食品的簋相配使用。“国之大事，在祀与戎”，三代贵族社会有一项压倒一切的庄严使命，就是定期或不定期地对天地祖先神灵举行祭祀。各类牲肉是祭礼的主要供品，鼎也便成为最重要的祭器。《左传·庄公十年》载曹刿曾讥称公侯贵族们为“肉食者”，他们的饮食宴享是离不开肉类的，因此煮肉、盛肉的鼎就不仅是最重要的祭器，同时也是上层社会必需的实用器。实践中形成了一套严格的用鼎制度，不同爵级的贵族使用鼎的数量不等，鼎因此又成为身份权势的无声显示。这样便确定了鼎在青铜礼器系列中的领袖地位。

族徽

青铜大圆鼎

西周（前1046—前771）
高60厘米，口径50厘米
甘肃灵台白草坡出土

此鼎厚立方耳，深鼓腹，圆底，三柱足略有蹄意。上腹部以无齿短扉棱为鼻脊，饰六组兽面纹，兽面展出之分体为尾爪俱全的夔龙纹，细云雷纹为地，主纹面上又饰勾连纹，形成当时尊贵器物上常见的“三层花”。腹内壁近口处铸族徽。形制浑厚典庄，纹饰瑰异，气韵不凡。到目前为止，仍是甘肃省内出土圆鼎中规格最高的一件。

铭文

铜簋

西周（前1046—前771）
高15.2厘米，径20厘米
甘肃灵台白草坡出土

敞口无盖，小外折沿，方唇，颈微收，深腹，壁略直而下部缓收。兽首双耳，兽首低于器沿，耳下有钩形垂珥。高圈足，有六道竖短扉棱，折边耳身饰卷云纹，器腹素面，颈部与圈足饰图案化了的连体兽面纹，颈部兽面有角，圈足兽面以扉棱为鼻脊展开的兽体已经雷纹化，但犹能显示兽体轮廓。而且，在兽面两侧雷纹化了的图案中，又有两个目形浮雕，那是往昔大兽面纹的孑遗。腹内壁同样有铭文，纹饰线条精制细密，工艺非凡。铭文清秀隽美，笔势顺畅，虽含波磔而不肥臃，字画有繁疏却配置匀当。

此卣出土于该墓群中最重要的𢀛伯墓中。器身为筒形，带盖，盖有圆握。方棱扁条式提梁，梁面饰凤纹，附卣身的两端为牛首，形象生动逼真。盖边及器身上下分饰三组弦纹间夹对凤纹，凤首昂扬，圆目钩喙，华冠后曲，与翘拂的翎翼相呼应；长尾双分，主羽逶迤，下拖后又向上卷起，与凤驱相配构成极富流动感的长带，简洁有力地表现了凤鸟优美的身姿。盖内及腹内底皆有铭文，字体匀称，虽仍存肥笔，但波磔已不明显。器身完好无损，器表锈色斑斓，多处闪现着优质古铜特有的银灰色光泽，令观者赞叹不已。

这种筒形提梁卣，在𢀛伯墓中共出一对，一大一小相配。引人注意的是，在距𢀛伯墓约 17 米处的潶伯墓中，也出土了这样大小相配的一对铜卣，只是提梁两端的饰物为羊头，纹饰带为对夔纹。除此之外，四器造型纹饰风格及铭文部位格式，皆完全一样。卣是商周贵族们祭祀或宴饮时，用来盛一种特制香酒的器具。西周早期流行椭扁体垂腹卣，圈足，有颈，形状似壶。筒形卣较为少见。已有学者指出，这种筒形提梁卣，可能是中原文化受到游牧文化影响的产物，古代北方游牧民族，有用桦树皮卷成筒状容器的习俗，筒形提梁卣当是对桦树皮筒的模仿。这种推断不无道理。商周时代，灵台地区正处北方以牧猎为主要生活方式的草原文化与中原以农耕为主要生活方式的华夏文化二者交接地带，两种文化的相互融合与渗透，是历史的必然。从白草坡西周墓葬出土物中，能看到这种融合与渗透的不少痕迹。𢀛伯卣使用的弦纹和对凤纹，以及潶伯卣所使用的对夔纹，

提梁卣

西周（前1046—前771）
通高32.4厘米、宽20.7厘米、口径13厘米
甘肃灵台白草坡出土

是中原青铜文化的典型纹饰；而其圆筒式腹体，却又显示出游牧文化的独特风采。这种反映民族间密切交往的生动印记，更增加了这组珍贵文物的历史价值。

铜盉

西周（前1046—前771）
高28.5厘米
甘肃灵台白草坡出土

㢑伯墓所出的鬲形盉，盉身为高体分档式，弧面盖，盖顶半圆环纽，口外侈而束颈，颈下为三深袋分裆腹。牛首拱形整鋬，鋬上端设拱形纽，套活链与兽沿小纽相连。与鋬相对一侧设管状斜流，流口斜平，高于器口。三分档腹下三柱足足端略粗。盖之坡沿与器颈肩间，各饰一周线条细密，已雷纹化了的兽面纹带。鋬身饰勾云纹，顺流管方向饰一周蕉叶纹，流基饰夔纹。沿袋腹之起伏，饰平行双线人字纹，构成三角形大波折带。以极简捷的手法，消除了因腹部素面而带来的单调，并且增强了高体器非常需要的稳定感，深得线条装饰的要领。

铜尊

西周（前1046—前771）
高25.3厘米，口径19.3厘米，底径13.5厘米
甘肃灵台白草坡出土

铜尊喇叭形圆侈口，平唇，粗颈，鼓腹，高圈足较直，近底处外撇。器体粗硕，颈、腹、圈足界限分明，典型的西周早期器。颈、腹间及腹、足间各以两道凸弦纹为界，腹上下部各有一周纹饰带，各饰以短低扉棱间隔的两组对凤纹，细雷纹为地。凤首微举，凤目圆突，长喙前伸，冠羽后拂并卷成钩状。凤躯从中部断开，翅翼上翘后弯平。尾翎三分，前部与中部的小羽缕内弯，尾端长羽则大幅度展出后再上卷。凤身修长而有起伏，体态灵动悦目，线条迤逦舒展。器腹内底铸有两行六字铭文，布局严整，字体秀丽，笔画匀称劲健，微有波磔，极注意结构和笔势的形态美，为同期器中的超俗之作。

“尊”字在甲骨文和金文中的初形为双手捧起酒坛之象，在甲骨文中是一种祭礼名称。此字后来所含“敬重”“高贵”等义项，即由其祭礼义引申而出。到西周，尊字多与彝字连用，成为青铜礼器的通称。用祭名来泛指礼器，是因为贵族社会中礼器的功能性质，就是用于祭礼和宴享，而宴享又往往同祭礼结合起来举行。作为一种具体器型的“尊”在商周时代另有专名；我们现在把它们叫作“尊”，是沿袭了宋人的定名。

器呈圆筒形，腹部上下各饰一道平行带形夔龙纹。提梁饰夔龙纹，卣带盖，盖面饰夔龙纹。提梁两端饰羊首。盖内和器内均铸有“潶伯作宝尊彝”铭文。潶伯墓中所出的对夔纹筒形卣，是一对，形制与㶿伯墓所出基本相同而纹饰有异：提梁与卣身连接处皆饰羊头，盖坡沿与卣腹上下三周纹饰带所饰是对夔纹，但同样以凸弦纹镶边。盖内和腹内壁对铭：潶伯作

潶伯铜提梁卣

西周（前1046—前771）
高29厘米，口径12厘米
甘肃灵台白草坡出土

宝尊彝。如前文所述，㾁伯、潶伯二墓虽时代略有前后，但随葬器物却存在许多对应现象，这两对筒形提梁卣的配置，便是例证之一。

此戟戈长胡三穿，援有脊棱，斜上伸出，援端如钩。援基部饰一浮雕牛首，牛口与脊端相接，首向与脊向成一直线，方内，内端三齿，内面阴刻牛头形徽识。

此戟出于㾁伯之墓，以牛首为饰，与卣饰牛首基于同一风格。最引人注目的是，此戟之刺锋呈人头形，人头颈部为一椭圆形浅銎，以纳柲端。

人头形銎青铜戟

西周（前1046—前771）
高25.5厘米，宽23厘米
甘肃灵台白草坡出土

人头形銎

构思精绝，造型奇特。人像浓眉深目，披发蜷须，高耳巨鼻，吻部突出，腮部有线条粗而深的唇形纹饰。综观种种特征，这显然不是华夏人的貌相，而很大可能是属阿尔泰语系的北方游牧民族的头部写实。考察史籍文献，周初处于国境北部并构成巨大军事威胁的是猃狁部族，即后来所说的犬戎。当时被周王朝派封在灵台地区的军政长官潶伯、㥶伯等，其主要任务就在于抵御猃狁族的侵掠。因此，这人头戟上塑造的大约就是猃狁人的形象。商周时代曾盛行这样一种尚武风习：不仅以异族战俘的肉体献神祭祖，还喜用异族战俘的形象来装饰贵族们的兵器，以此炫耀战功，激励士气，奋扬军威，震慑敌胆。

彩绘木独角兽

刚勇无畏 嫉恶如仇

人们铸造了想象中的解廌形象，把它放置在墓门旁，充作镇墓兽，希望它能保卫墓主的安宁。

这件独具特色的彩绘木独角兽分体制作身、角、尾、足，再粘合而成，通体用红、黑彩绘，一侧涂白色。此兽做前行冲刺的动作。身体造型厚实，头、角、颈、背、尾高低起伏，错落有致，四肢动作变化生动，具威猛的气势。

独角兽又名獬豸，是传说中的一种神兽，能抵御邪佞，将其置于墓葬门口，是为了起镇墓辟邪的作用。独角兽本名“廌”，也称“解廌”或“獬豸”，是我国古代传说中的神兽，能识奸佞，辨曲直。《说文》云：“廌，解廌，兽也。似牛，一角。古者决讼，令触不直者。象形，从豸省。”《论衡·是应篇》则曰：“解廌者，一角之羊也，性知有罪。皋陶治狱，其罪

彩绘木独角兽

西汉（前206—25）
高35厘米，长93.7厘米
甘肃武威磨嘴子汉墓出土

疑者，令羊触之，有罪则触，无罪则不触。”关于解廌能决狱讼、指邪佞的传说，在古代影响甚大。汉字中法律之“法”，古体组合中即含“廌”字，《说文》曾剖析其本字的构成，完全是上述神话传说的产物。因此，汉代司法官员头上所戴的法冠，也称“獬豸冠”。北周诗人庾信，有“苍鹰下狱吏，獬豸饰刑官”之句。直到清代，监察御史及按察使所穿补服的前后，皆绣獬豸图像，以示其执法公正严明。

用某种动物判断争讼双方（或多方）的是非曲直，绝非无稽之谈。这是原始社会确曾存在过的一种约定俗成的法律，我们称之为“神判”。原始社会虽无阶级利益可保护，但生产、繁殖、分配、安全等社会生活的基本方面，仍须一定的法规来约束；所以，人们在长期社会实践中，形成了许多人人遵守的行为规范，此即民族学家和法学家所说的“习惯法”。神判是习惯法中的一类，方式多种多样，千奇百怪。其中动物神判最具原始性，而危险度也最大。如《梁书·诸夷传》载扶南国，“国法无牢狱”，“有罪者，辄以喂猛兽及鳄鱼，鱼兽不食为无罪，三日乃放之”。至今我们从某些少数民族的习俗中，还能看到神判的遗风。

原始社会先民的认知水平相对低下，只能借助于超自然的神力去判断人间的真伪正邪。他们坚信超自然神力的存在，并坚信那神力可以通过某些动物的行为表现出来，因此他们无条件地接受神判的结果。这种“断案”方法，在今人看来当然是荒谬的，难以理喻的，然而它却立足于质朴而纯正的道德观念，包含着公平的因素。争讼各方都不会受到人为的偏袒或压制，不论其身份如何，他们在神判面前均处于绝对平等的地位。实施这种判决，在当时是极神圣的事，故执行这种判决的动物，也便成为人们敬畏的对象，在世代递接的传说中，便被塑造为一种人格化了的神兽。解廌就是这种文化背景下的产物。解廌既是执法者的象征，人们又进而赋予它执法者所必须具备的美德：刚勇无畏，嫉恶如仇。它便同时挟有驱魔辟邪、守护善良的神威。于是人们铸造了想象中的解廌形象，把它放置在墓门旁，充作镇墓兽，希望它能保卫墓主的安宁。

木独角兽

西汉，武威市磨嘴子汉墓出土。高 35 厘米，长 57 厘米。这件木独角兽，四足着地做砥砺状，造型简洁、刻画有力，表现出雄强的力度和威猛的气势，可称作汉代木雕的代表作品。

鼎形铜行灯

匠心独妙

由于摆脱了传统礼器铸造定式的束缚，在生活用具制作上匠师便能充分发挥自己的才智，设计出惊世骇俗的杰作。此灯的设计与制作，堪称匠心独运，卓绝千古。

这件造型别致的鼎形铜行灯分盖、键、耳、身四部分。不用时，收合为一带盖的扁圆形朵，内可装盛燃灯所用之油料。鼎体表面光洁，腹部饰凸弦纹一周，三蹄足，双附实耳。耳上有键槽，两侧穿孔，中贯柱以销纳键之一端。键身两端直而中部曲成半圆，双键平卧恰好合成一环，扣住鼎盖。盖平而沿斜，沿饰两道瓦纹，盖之中心为一突起的柱状圆銎，两侧分列旋向相反的二鸭首。闭合时，旋转鼎盖，盖上所扣双键之末稍一端，各被鸭首的宽嘴衔住，全器即被严实密封。启用时，反向旋盖，使鸭嘴脱离双键，开键取盖，将双键支起，键之上端合拢后呈圆柱状，正可插入鼎盖中心的圆銎中。此时，反转使用的鼎盖即被高高撑架为灯盏。

鼎形铜行灯

战国（前475—前221）
开启高度为30.2厘米，收合后鼎高16.7厘米，
口径11.3厘米，底径7.1厘米
甘肃平凉庙庄战国秦墓出土

鼎形铜行灯（收合时）

青铜礼器走向衰落后青铜工艺必然要在日常生活用具领域大展身手。由于摆脱了传统礼器铸造定式的束缚，在生活用具制作上匠师便能充分发挥自己的才智，设计出惊世骇俗的杰作。此灯的设计与制作，堪称匠心独运，卓绝千古。每一个部位经过精心构思，被巧妙地赋予特有的功能；全器的实用价值，在于这些功能的有机组合。部件的配置简单明了，一件多能，其功效得到了最大程度的利用。既合乎物之理，又展示了形之美，集实用和艺术于一体，使人赏心悦目。

值得特别一提的是，此灯不仅造型绝妙，其铸作工艺也极其精湛。各个部件坚固而又轻巧，联接密合却不失灵动，即在约2500年后的今天，仍能支合自如，用极明快的操作，便可完成由鼎到灯的器形转换。所谓“行灯”，即长途行旅中携用之灯。它要求灯体储备足够的燃料，而且方便、安全，不至因车马颠簸而使油液外溢。此灯以鼎腹盛油，器盖收合后严密无隙，即使作剧烈摇晃，也无半点油液溢出，精密程度令当代的金属工艺技师们也都惊讶不已。没有高超的铸造技艺，是很难达到这种境界的。战国时期，甘肃东部是秦国的腹地。商鞅变法后的秦国，在富国强兵方针的指导下，经济得到突飞猛进的发展，与军事实力密切相关的青铜冶铸业，尤受政府重视，进步更为显著。秦国青铜武器之坚硬锐利，早已为人们熟知，而平凉庙庄出土的这件鼎形青铜行灯，又在日常生活用具领域中，为战国时代秦国青铜铸造工艺的高度发达，提供了实物例证。

东罗马神人纹鎏金银盘

黄河岸边的希腊神话

这件充满异域风情的银盘呈圆形，边缘卷舌，从残存的鎏金痕迹可以看出这件器物曾经通体鎏金，现在已大部分脱落。盘内满饰浮雕花纹。纹饰分为三个区域：外圈饰十六组相互勾连的葡萄卷草纹，培植均匀而有规律，其间点缀鸟及其他小动物；中间内列十二个人头像，头像间饰有鸟及其他动物，中心部分有一直径约 9.5 厘米微微凸起的圆城，似用银片磨压成高浮雕纹样后镶嵌于盘心，图案为一倚坐于狮豹类猛兽背部的青年男性。他卷发无须，身躯健美，上部裸露，腹下裹巾，巾角反绕双肘后垂于身旁，右手持杈杖扛于肩，杖端以松果状物为饰，姿态优雅，神情闲适。所倚坐之猛兽，仰首张嘴，状貌凶狞，颈下鬃毛浓密似狮，而身上遍布圆斑又似

东罗马神人纹鎏金银盘

公元4—6世纪
直径31厘米，重3190克
甘肃靖远北滩出土

豹。圆足内底有属西方系统文字的刻铭，盘心所饰这位持杖倚兽的青年男子，中外学者大都判断为希腊神话中的狄俄尼索斯。中圈所列的十二个人头像，有人认为是希腊神话中奥林匹斯山包括太阳神、月亮神在内的十二神，有人认为是狄俄尼索斯神的眷族。在古代希腊宗教故事中，狄俄尼索斯是象征丰收与植物的自然神，尤以酒神著称。古希腊热衷于饮酒狂欢，故狄俄尼索斯受到了普遍的敬奉，至今欧美民间非常流行的“狂欢节”即是起源于对狄俄尼索斯的崇拜仪式。

东罗马神人纹鎏金银盘于 1988 年秋，在甘肃靖远县北滩乡由一户农民在建房挖地基时发现。银盘披露于社会后，即引起文博界的关注，海内外不少学者对它进行了研究。尽管在银盘的时代、产地及铭文释读等方面，学者们的看法还存在分歧，但大家却有一个共同的认识：此盘是古代中西文化交流的实物见证。

这件银盘来自遥远的东罗马时代，即公元 4–5 世纪，约相当于我国风云际会的魏晋南北朝时期。东罗马帝国前期与中国保持友好往来，据《魏书》记载，东罗马帝国曾三次派使团访问过北魏。也许这只银盘就是当时东罗马使者遗留在黄河古渡的贡品，也可能是那个时代西方商旅携带的交换物。日本学者石渡美江通过潜心研究认为此盘制作于公元 2–3 世纪，产地可能是东罗马帝国东方行省如地中海沿岸的亚洲或北非的某个城市，3–4 世纪出口到巴克特里亚（史称大夏），并用大夏文刻上收藏者的名字，最后在 4–5 世纪左右经天山南路传入中国甘肃。他说 4 世纪中期波斯萨珊王朝的沙卜尔二世统辖大夏时，打通了从波斯经大夏到中国的道路，所以在中国屡有沙卜尔二世以后的萨珊王朝钱币出土，因此他认为银盘就是在这个时期被带到中国的。石渡先生的看法可备一说，尚有待进一步地论证。然而，值得肯定的是这件东罗马时代的西方刻铭银盘，已然成为中西文化交流的实物见证。

浮雕人物石摇钱树座

围观摇钱树

汉代雕塑艺术中，属于人体造型的作品比较少见，这个摇钱树座的人物浮雕，无疑是其中的上乘佳作。显示了匠师高逸的审美情趣和卓越的技法，令人叹服其艺术造诣。

此摇钱树座出土于武威市磨嘴子汉墓，因其浮雕造型达到超凡水平而被定为国家一级文物。这件文物呈上小下大的圆柱状，顶面中心有方孔以纳树干（铜质树身已佚），圆柱周围以高浮雕形式琢刻出 4 个人像。人像之下凸饰两重三角形图案以象征群山。人像的造型设计，显示了匠师高逸的审美情趣和卓越的技法，令人叹服其艺术造诣。一般饰有人物的钱树座，图像多以仙山为背景，间以瑞兽飞禽；人物多为摘钱人、打钱人、挑钱人，或者是西王母的神像。此座一反常态，塑造了 4 个裸体人，倾力表现人物的形态和神情，并通过形态神情，呈露人物的感受和愿望。人物布局生动，姿势各具特色：有的伸展双手，意在接钱；有的翘首凝视，似在企盼；有

浮雕人物石摇钱树座

西汉（前206—25）

高30厘米

甘肃武威磨嘴子汉墓出土

的张开两臂，像在欢呼。人体形象与摇钱树的主题相呼应，颇耐人寻味。匠师的表现手法极富个性，不仅整体构思简捷活泼，运刀也熟练到位。锋迹清晰可见，不做过多的琢磨修饰，纯以形意取胜。人体各部位的比例，把握得十分准确；人物动作自然和谐，绝无做作生硬之处。尤其是对羽人的刻划，羽翅的配置和手足的态势，明快而优美，恰到好处。汉代雕塑艺术中，属于人体造型的作品比较少见，这个摇钱树座的人物浮雕，无疑是其中的上乘佳作。

摇钱树座（局部）

树与人类的密切关系无须赘言，许多民族的幼年期，都流传着一些关于树的神话传说。我国古代以树为母题的神话，最著名的如《山海经》《淮南子》等书籍中关于“扶桑”和“建木”的记述，对后世影响很大。那些古书上说，东海之外有汤谷，谷中有大树，十个太阳栖居于此树中，其中九个太阳息于枝下，一个太阳在太空运行。“一日方至，一日方出”，这棵供十日轮休栖息的大树即名曰“扶桑”。而建木则位于“天地之中”，其高百仞，相当于登天之梯。众神在天地间往来，即须经由此树。研究古代神话的学者们，把这类与天地日月相联系的神树称为“宇宙树”。在民间文化中，它们与世俗的宗教心态相融合，又衍生出另外更多的神树，有的能提供生命的源泉，有的能带来爱情和幸福，有的能创造无限财富。流行于汉魏时代的金钱树，即其中最为世人关注的一种。

摇钱树为人死后的陪葬物，是古代葬丧文化领域的一种特殊工艺品。摇钱树具有较鲜明的地域特征，在我国西南和西北的一些地区出土较多。树身一般为青铜质地，笔直的主干上分布有四至六层分枝。分枝多为三向或四向横列，上面饰有叶片及各类小动物，并在显著部位挂置数量不等的圆形方孔钱。存世摇钱树的通常高度在 120 厘米至 160 厘米之间，最高的一株达 198 厘米。摇钱树主干插嵌在基座中，基座大都为陶质或石质。有的呈山形，饰以云气或鸟兽；有的为圆形或椭圆形，饰以山、树、人物或动物；有的采用动物造型，如熊、兔、辟邪等。甘肃省出土摇钱树不多，且有的被盗，下落不明；有的残损过甚，难窥全貌。甘肃省博物馆珍藏的这件石雕摇钱树座却非同一般，有极高的鉴赏价值。

红陶人面像

微笑千年 似曾相识

它只是告诉我们，在五千年以前的新石器时代，我们的祖先就已经把人本身作为艺术创作的对象来观察和塑造了。

这件珍贵的红陶人面像器胎为夹细砂的红陶，圆面，窄额，额上发际低压。眉棱略起，弯眉修长。双眼和嘴镂空而成，但孔形适度，逼真而传神，尤其是对眼睛的处理，眼睑曲线柔和，眼上弧凸自然，眼角微有翘意，轻盈灵动，工艺细腻而毫无雕琢之痕。鼻梁端挺，直通眉间，对稍突的鼻翼和宽浅的人中，都作了精致到位的刻画。嘴唇较薄，张口呈核形，似在作平静的讲述。两耳则用写意手法，作半月形圆弧弯下，与腮部相接，耳垂有细小的系饰之穿孔。总体看来，五官比例准确，配置匀称协调，流露出深沉安详的神情，给人以似曾相识之感。作为 5000 多年前的一件雕塑品，其艺术造诣达到的高度，令人惊叹。

红陶人面像

新石器时代仰韶文化（距今5200年前）
残高15.3厘米，宽14.6厘米
甘肃天水柴家坪出土

微笑作为一种文明的符号，在中国有着悠久的历史文化内涵，几千年来生机盎然地传承在华夏大地。据学者考证，中国现在可见的最早的微笑，就来自甘肃天水柴家坪的这件仰韶文化时期人面塑像。塑像主人双颊丰满，下颌略尖，眼小微张，嘴唇上翘，优美的弧度如同拱桥，让面部因微笑而生动。还有出土于绍兴坡塘战国早期鸠柱房屋模型中的人物群像，他们满脸怡然自得地微笑着，击鼓、抚琴、吹笙，让两千年之后的人们，还能感受得到他们欢快的心情。从旧石器时代开始，人们就已经把自身作为原始艺术观照的对象了。从出土的文物看，旧石器时代，就有石雕的人头。新石器时代，这种人头人面的雕刻和陶器就越来越多，有的是某些器皿的一部分，比如陶瓶的顶部是人头形的，也有的就是一件独立的作品。这件陶塑人面是一个陶器顶部的残存部分。

这件作品出现以前，已经出土了一些石雕和陶制的人头像，它们都非常简单，眼睛嘴巴就是一个黑洞，鼻子是梭起的一条，眉毛几乎没有，脸是很随意的回形。可以看出，那时的先民对自己的观察还很混乱而简单，在艺术表现上还相当幼稚。这一件细砂泥质的红陶人面像，却让我们感到先民们在认识自己和表现自己方面有了很大的进步。人面的脸形已经不是简单的圆形，他的两颊向内凹进，下巴尖，两个颧骨很突出，使得脸形真实而丰满，西北民族脸形的特点也很鲜明。眼睛不再只是两个洞，塑出了眼睑。眼睛呈球状体，只是两眼的瞳距略显得近了一点。鼻子有了鼻准和鼻翼。嘴也不再是一个洞，塑出了嘴唇。而且注意到了上嘴唇薄，下嘴唇厚，还塑出了人中。早期的人头人面像，基本上都没有眉毛，或者以一条直线来代表。可能是原始先民不懂得骨骼肌肉的结构。而这一件作品，眉毛顺着眉弓画出，既符合解剖的原理，看起来也很顺眼。人像的耳朵塑得有一点像我们常说的招风耳。耳垂的下面有小孔，今天，穿耳几乎是一种世界共通的妆饰行为。穿耳习俗源远流长，无论东方还是西方，史前各民族普遍有过穿耳之举，虽然起源各不相同，但穿耳洞戴耳饰这一现象，有着惊人的默契。穿耳之风最初与性别无关，不分男女，均可饰之。这种习俗产生于何时，史籍中并没有确切的记载。从出土的这件文物来看，汉族先民穿耳洞的习俗，可追溯到新石器时代。河北蔚县出土的一枚耳环是至今考古发掘中所见年代最早的实物，约在夏朝时期，耳环一端尖利，以便穿过耳孔。夏商时期，穿耳习俗并没有达到普遍的地步，存在着地域性，如殷墟妇好墓出土的玉人就没有穿耳，也没有耳环耳坠之类的实物出土。进入周代，穿耳之风逐渐倾向于女性。战国以后，中原男子不再穿耳，但在妇女中仍保留着这一习俗，并一直递嬗到秦汉时代。

在中外的雕塑作品中，占有最重要地位的，无疑是人像和人体。在中国，陶俑作为重要的雕塑作品，经历了殷周的神秘、秦的博大、汉的雄壮、唐的典丽、宋的精巧，为我们留下了许多精美的艺术品。这一件陶塑人面像并没有为以后的雕塑留下什么可资借鉴的东西。它只是告诉我们，在五千年以前的新石器时代，我们的祖先就已经把人本身作为艺术创作的对象来观察和塑造了。

葫芦形网纹彩陶壶

满陶生活

『万物有灵』说明了人们感悟自然的特殊精神状态，即物质实体同人的精神实体的融通状态，也是原始艺术的思维特征。

这件精美的彩陶壶整体施黑、红彩两色，颈部绘黑色网纹，肩、腹部先用红色绘葫芦轮廓，外绘黑色锯齿带纹，葫芦内填细密整齐的网纹。葫芦网纹是马家窑文化半山类型中期的典型纹饰之一。在马家窑类型晚期的彩陶上，出现了弧曲形网纹，其外形不规则，像渔网在水中摆动。而后来逐渐成为规则的几何形纹，变成长方形或中间微内束的葫芦形网纹。

马家窑文化的彩陶是距今四五千年以前的新石器时代的产物，拥有重要的社会、历史、艺术价值。彩陶即指有彩绘图案的陶器。彩陶作为一种原始艺术，纹饰是其主要的艺术语言。马家窑文化以彩陶器为代表，器型丰富多姿，湍急富于变化和绚丽多彩，是彩陶艺术发展的顶峰。马家窑文

葫芦形网纹彩陶壶

新石器时代马家窑文化（距今4500年前）
口径12.2厘米，底径19.8厘米，高46.7厘米
甘肃兰州花寨子出土

化时期的彩陶不仅出现了许多优美的造型，而且还饰有大量精美的纹饰，具有非凡的魅力。网纹是马家窑文化彩陶中常见而且是一直演变着的纹饰，它由其他纹饰配角的网纹逐渐演变成斜网纹、网带纹、圆圈网纹、葫芦网格纹等主要纹饰。原始彩陶纹饰符号所表现和抽象出来的是生活及其情感中那些不可言传的方面，是先民们从主观经验中呈现出来的某些方面，发展轨迹是一个从具体到抽象，从写实到写意的过程。彩陶的纹饰，大部分具有地区性，是氏族集体的象征物，并且和图腾概念密切相连。因为是具有特定意义的纹饰。在原始人那里有某种不确定的精神力量在引导着人类的前进，这种精神力量融合在人们对生命形式的感悟中，“万物有灵”说明了人们感悟自然的特殊精神状态，即物质实体同人的精神实体的融通状态，它也是原始艺术的思维特征。所以即使在今天看似纯自然主义描绘的原始艺术，可能包含着现代人不能完全确知的某种神秘观念，图形因而有着特别的象征功能。半山类型彩陶色彩鲜艳亮丽，图案繁缛，彩陶的装饰部位及特点：一般绘简单的纹样，颈部常见的纹饰有菱形网纹、波纹和锯齿纹等；肩、腹部，为主体花纹，内容丰富多样，常见的纹饰有旋纹、锯齿纹、葫芦网纹、菱形网纹等。葫芦网纹是其典型的纹饰之一，发展到半山类型晚期，四大圈网纹作为主体图案更加突出。

马家窑文化彩陶上的纹饰并没有大范围地描写人们生活中的动植物，而是有选择地描绘了那么几种。在原始人的思维里，他们把一些纹饰符号或期望得到的结果绘制在陶器上，人们期望在使用的过程中也就同时获得神秘力量，愿望可以实现。一直作为马家窑文化彩陶纹饰重要组成部分的网纹，它是由渔网演化而成的纹饰，随着人们观念的转变，网纹纹饰由具象向抽象化转变，不同于写实形象的网纹，成为“有意味”的内容。此时，人的思维已经从个别现象的思维方式发展到综合抽象的思维方式。

意象纹饰的产生

意象纹饰的产生，是跟原始艺术作为巫术、宗教、图腾等活动的载体分不开的，其形象来源跟人们的食物、生殖、血亲、保护等方面的心理需要相联结。写实性纹饰抽象化的彩陶纹饰，是受图形本身的神秘内涵和表征功能决定的，是象征性描绘的结果。它体现了人们万物有灵的原始宗教观念。他们早期对动物、植物与自然力的崇拜与后期出现的对祖先灵魂的崇拜，在思维的发展过程中互相交替、重叠、渗透，形成“有意味”的内容。如青海柳湾出土的马厂类型彩陶壶上的似人似蛙的变性人体纹，西安半坡出土的彩陶盆上的人面鱼纹等。他们将网格纹大量地涂绘于各种彩陶纹饰之中，其动机也就不言而喻了。

《金城揽胜图》

一帧图 一番旧时光

当一座城市再难寻觅那些曾经蔓延在生活中的古老标识，所有关于曾经的零碎记载便显得难能可贵。

《金城揽胜图》约绘制于清同治、光绪年间，金城指今天的兰州，这幅图展现的便是当时兰州府治所在地——皋兰县城的山川形胜、城郭面貌，其地正是现在的兰州市小西湖至中心广场东口旧大路东口地段。迄今为止，这是发现的保存最完好的，也能最完整地反映出当时金城形象的画作。

早在明宣德年间（1426—1435），兰州的城池建设便已初具规模，后几经展筑，至明正统年间，城郭建筑基本定型。只是，随着城市现代化建设的不断推进，古老的兰州城也一起湮没，只在年迈的老者呷上一口三泡台（盖碗茶），缅怀那些流逝的岁月时，我们才能在那些古老的故事中，咂摸出些昔时况味。

一帧图，一段历史，一番旧时光，掩埋着藏在光阴里的悠远故事。《金城揽胜图》，即便是许多土生土长的兰州人也感觉有些陌生，比起20世纪80年代后人仿作的《古金城》，也未见得更加广为人知。然而这些都无损其在兰州历史上的特殊地位。它的主要价值并不是体现在绘画上，而是迄今为止，这是我们发现的保存最完好的，也能最完整地反映出当时金城形象的画作。它与《清明上河图》一样，以写实的手法绘就，只是前者以中景为主，故对人物的表现也比较清晰，而后者则选取远景，客观地反映出了当时兰州的城市面貌和形象。《金城揽胜图》背后蕴藏着丰富的历史文化信息，对于研究明清时期兰州的历史和文化具有重要的意义。

《金城揽胜图》出自清末民间画师之手，全图以白塔山为视点，近可见黄河浩浩荡荡，稍远有城池依山傍水，巍峨矗立，房屋鳞次栉比，又可见远处山峦起伏，古刹错落。于当时标志性的建筑，如镇远浮桥、握桥、肃王府等，此图也有精心展现。作者以写实的手法，在一片淡烟古墨中，对当时兰州名胜古迹的分布情况和城郭的整体布局，进行了翔实的描绘。由于画家是兰州人，熟悉兰州历史文化，明了兰州的地理特征与城建概貌，胸中自有丘壑，因之能够重点突出地如实反映兰州面貌。其重点在于黄河、城郭、南山，同时对一些次要景物予以虚化，避免喧宾夺主。例如城郭内，突出衙署、城楼、寺院等主要建筑物，虚化街巷。这样处理，既便于技艺操作，又能给观赏者以鲜明的印象。

一幅画，一座城。《金城揽胜图》所展现的兰州城，是现在的兰州市

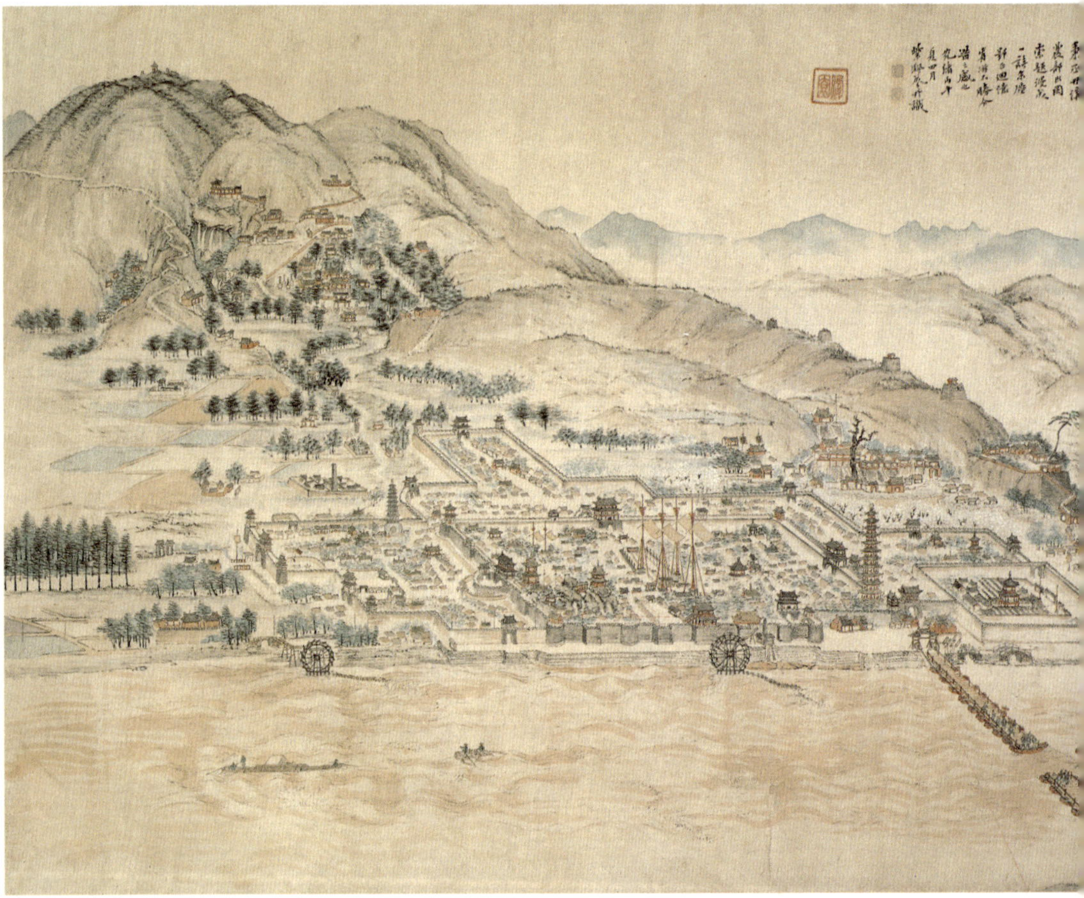

《金城揽胜图》

小西湖至中心广场东口旧大路东口地段。

画上有四根高杆竖立的地方，正是明肃王府所在地，清代的陕甘总督府也正位于此。省政府里面的古建筑在 1976 年基本拆完，新盖的楼前面那排低矮的建筑，是民国时期建的中山堂，而明清的建筑，基本就只保留了门厅，现在挂国徽的那扇门是明朝的遗存，而两侧的门，也只是仿建。

省政府前面的花坛，当时还是陕甘总督府辕门的所在地，东西南三面挂着笔力苍劲的大匾——东面书“节制三秦”，点明陕西也归此管辖；西

面书“怀柔西域”，囊括西边广袤国土；南面则书“文武宪纲”，劝勉官员要遵守法令，尽忠国事。三面牌匾，吞吐出宏大的气魄，也将总督府与外界隔成不同的世界。《金城揽胜图》中，黄河南岸的两轮水车清晰可见，也总能勾起兰州人的一些温情回忆。

除了衙署，《金城揽胜图》对民俗也有所反映。今日的下西园小学，曾经便是八蜡庙旧址，祭祀的是一手执鹌鹑一手执蛇、相貌凶恶的“八蜡爷”，传说为降伏蝗灾、虫害的神祇。庙北系今天上西园煤建公司所在地，是圃子湾“彭爷坟”，葬着明嘉靖时兵部尚书、太子太保、兰州进士彭泽。

《金城揽胜图》周全而形象地反映了明清时期兰州的城市面貌，从其中也可以窥见明清两代社会的进步，主流社会的文化导向、生活情趣等内容，为挖掘整理兰州的历史文化提供了形象的资料，是研究晚清兰州城的实证资料。

《金城揽胜图》蕴含着丰富的文化内涵，然而其作者系何人，画作的具体时间，图上也没有标识，其图如何流布，也没有确切的史料记载，这些都为这幅画蒙上了神秘的面纱。

邓明曾经就图的题跋和流布过程进行过专门的考证。

《金城揽胜图》上有行书跋语 18 行：“二十年前感旧游，夜深有梦到兰州。五泉顶上重题句，借问山灵许我不？秉丞世讲农部出图索题，漫成一诗，采尘郢正。回忆前游，不胜今昔之感也。光绪丙午夏四月。紫帆成昌并识。”并镌“成昌”“紫帆”小印两枚，跋语左镌收藏印一枚：“煦园”。

邓明在《金城揽胜图》识读里言，题跋者名成昌，秉丞，即吴钧的字，其父锡龄为钦赐蓝翎候选典史。“二十年前感旧游”，是说光绪十二年 (1886) 成昌来过兰州，与吴锡龄订交。20 年后吴钧持此画，以晚辈的身份，请成昌题跋，地点当在北京。而画面上梨花盛开，黄河春汛，当为春季四月。

作画的时间颇值得商榷。因画面上高耸入云的木塔于同治十三年 (1874) 毁于大火，因之作画的时间上限大概在同治十三年之前，小稍门外东南部的兰州织呢局建于光绪五年 (1879)，光绪九年 (1883) 废，据此推测下限在光绪九年前。也不排除光绪五年至九年为作画时间，因为可以补绘毁于同治十三年的木塔。但揆诸情理，前者的可能性较大。

而关于画作的作者及流转情况，则只能在吴钧侄子遗存下来的笔记中窥见一些脉络。

田有年曾在其姑父吴钧家见到过《金城揽胜图》真迹，并在遗著中有所提及：马鸿宾的本家马四给吴钧画一幅画，宽约三尺，长五尺，画的是兰州城垣郊外图，南面在上，北面在下，是精妙之作，当时就裱糊好挂在客房里。

田有年曾跟后人讲过，吴家在吴钧过世后逐渐衰颓，子孙们难以维系庞大的家业，终至变卖家中典藏，可能是当时还不懂得《金城揽胜图》的价值，便卖给了时任甘肃省教育厅厅长的“识货人”水梓。据田有年之子田多琛回忆，父亲一辈子谨慎小心，是再实诚不过的人，所言应该不为虚。而在此本笔记的扉页上，田有年还特别注明，“看过以后不可说，要守密，免生问题”，时间注明为 1978 年 4 月 1 日。

至于为什么没署名，田多琛猜测，也许是马四当时与吴钧身份不对等，此画或作为“孝敬”之用，不署名也是以示谦卑。

当然，真相已不得而知。也有说法提及，田有年在世时曾回忆，《金城揽胜图》为马五所作。事实究竟如何，仍有些扑朔迷离。1956 年，水梓将此图捐赠给政府，现藏于甘肃省博物馆。

釉陶硐楼院

古代宅第模型

庄园主们生前过着淫奢无度的腐朽生活，他们还极力要把这种生活带到死后的世界中去。釉陶硐楼院，便是众多明器中最具时代特色的一种。

这件楼院模型，是与著名的铜奔马同出于武威雷台汉墓的一座釉陶硐楼院。该墓主人是东汉晚期曾任张掖地区军政长官的一位张姓将军。墓葬规模宏伟，葬品丰富。单从这座明器楼院的造型和气势上，便可看出当年墓主的富贵与显赫。楼院陶质面施以绿釉，由可以拆卸的23个部件组装而成。楼院略呈方形，中央矗立五层楼阁，每层均四面出檐，正面开设门窗。院四周筑封闭式围墙，正面开一大门，门前左右各出一斗拱，一斗三升，承托门楼屋檐。门两边为菱格型透窗，门檐之上建两层门楼。院墙内左、中、右三面又设复墙，每面复墙各开小门。坞壁四隅为两层角楼，它们共同拱卫着中央楼阁，高下呼应，主次分明。门楼与各角楼之间互以飞

釉陶碉楼院

东汉（25—220）
院高105厘米，长67.7厘米，宽54.4厘米
甘肃武威雷台汉墓出土

釉陶碉楼院（局部）

栈相连，形成一个严密的守卫体系。飞栈有护墙，呈槽状，可供防守人员安全往来。中央楼阁每层透窗均为横条式，各角楼的透窗均为菱格式，以便对外瞭望，或在必要时发射箭弩。

东汉是我国封建社会中期土地兼并日趋严重、土地所有制恶性发展的时代。士族豪门在政治经济上享有种种特权。他们在疯狂掠夺农民土地的基础上各自建立了家族庄园，形成鱼肉乡里的地方势力。而失去土地的农民，则被迫接受控制和奴役，成为依附于庄园主的佃客、徒附、部曲乃至奴隶，以自己的血汗维持着贵族们穷奢极欲的生活。东汉后期的政治家仲长统在其名著《昌言》中曾这样描述当时的庄园主：“豪人之室，连栋数百，膏田满野，奴婢千群，徒附万计。船车贾贩，周于四方；废居积贮，满于都城。琦赂宝货，巨室不能容；马牛羊豕，山谷不能受。”为了保护家族拥有的无量财富和巨大的经济利益，也为防止和镇压农民的反抗，他们建立私人武装即所谓家兵、部曲，同时修筑坚固的围墙和堡坞，俨然是独霸一方的土皇帝。

庄园主们生前过着淫奢无度的腐朽生活，他们还极力要把这种生活带到死后的世界中去。反映到墓葬制度与习俗中，便是东汉后期越来越严重的厚葬之风。士族世家的墓葬，除了大量陪葬生活用品和珍奇宝物外，还制作许多明器以象征他们所希望的死后生活。

我国自先秦至两汉，统治集团的宫室建筑多追求布局的宏伟壮丽，虽也有所谓“四阿重屋”，但大都不过两层，未见多层楼居的记载。欲登高远眺，则另修高台。汉以后佛教传入中土，佛塔建筑日渐普遍。佛塔的分层结构与中国传统的四阿飞檐相结合，遂产生塔式楼阁的建筑形式。雷台汉墓所出的这座明器楼院，已具塔楼之雏形。所以说，它不仅是东汉后期豪族世家庄园壁坞的缩影，也为研究我国古代建筑史提供了珍贵的实物资料。

明代金饰品与金共舞

金玉闪动，流光溢彩，宝气袭人，平添无限风韵。

明王朝建立初期，最大的外部威胁来自故元残余势力。盘踞漠北的北元政权拥兵数十万，长时间与明王朝对峙，颇有卷土重来之势。所以，明政府十分关注西北形势，不断强化陕、甘、宁地区的防务，致力于肃清故元势力的军事斗争。委派王子驻边的举措，就是上述政治背景下的产物。甘肃是明代西北边防链条上非常重要的一环，明政府在设立巩昌、平凉二卫后不久，又增设兰州卫。朱元璋还封其第 14 子朱瑛为肃王，藩守甘州，管理陕西行都司甘州五卫的军务，王府就设在兰州。此后，兰州作为西北军政重镇的地位日渐加强，从而也成为明代边远地域官僚贵族较为集中的城邑。近世在兰州附近发现较多的明代贵族墓葬，原因即在于此。

镶宝石金帽饰

明（1368—1644）
宽11.7厘米，高8.2厘米
甘肃兰州出土

帽饰分二层，底层以极细的金丝盘绕成繁密的涡状卷草纹；上层中间的金片錾刻出如意云纹，两侧各有金凤，帽饰上镶缀各种宝石。

金镶玉葫芦形耳坠

明（1368—1644）
高10.8厘米，重36.3克
甘肃兰州出土

这副叠丝嵌玉镶宝石的华美耳坠，出土于兰州市上西园一座明代贵妇墓。挂钩金质，呈上大下小的不对称S型，下端套于坠顶金蒂的圆纽中，钩末上弯成环以为挡。挡侧附饰镶嵌宝石的花萼（宝石已脱落），一小型金蕾翘然展出。坠身主体为两颗等大的玉珠，上下叠置成葫芦形。玉珠正圆，洁白无瑕，晶莹湿润，气韵非凡，两珠间用菊卉花状弧托嵌联，花瓣秀艳，结合紧密。坠上方为菊卉仰展构成的伞形金罩，罩周有数根短柱和上层玉珠的顶托相接，显得玲珑剔透，结构绵繁，给坠饰以强烈的悬空感。下层玉珠底部也镶有菊卉状金托，同上部金饰相辉映，配置和谐，层次分明，更衬显出玉珠的丽质天成。令人惊叹的是，从伞型顶罩上分披而下的四串垂挂，它们各以三组双联金环，串缀金钱形、元宝形、朵云形、倒圭形金饰件而成，饰件图案镂空，末端饰件周边还镶有红宝石。各串挂配件同中含异，参差有致，前后呼应，分外亮丽。在四串垂饰的掩映下，白玉葫芦处在若隐若现的状态中，平添无限风韵。

耳饰是妇女美化面部的装饰亮点，特别是坠饰。因其独具摇曳美而倍受青睐。纵观古今耳饰的演变，由充耳、耳瑱、耳珰到耳玦、耳环、耳坠，极易摇动的坠饰早已成为耳饰的主流，而且耳坠的系介物还有加长的趋势。这副金玉联体耳坠的造型构思，立意即在充分展现其动态魅力，不仅采用了大弧度的长系钩，而且在坠身四周辅悬串挂，使佩戴者鬓肤生辉，顾盼间金玉闪动，流光溢彩，宝气袭人，最大限度地发挥着耳饰的炫美效果，对佩戴者的高贵身份，自不待言也是一种无声的宣示。

凤纹镂空金霞帔坠子

明（1368—1644）
坠长16厘米，宽7.2厘米
甘肃兰州出土

霞帔是宋代以后妇女礼服中垂于胸腹之前的丝制或锦帛制装饰品。用两片近似梨形的金片，镌刻出镂空的凤纹和云朵纹，然后将刻好的金片捶成凸起的弧形，两片扣在一起，上部安扁挂钩，便成为倒心形的霞帔坠子。为了使霞帔较平展地下垂，遂于其底部缀以帔坠。挂钩内侧刻有“银作局，正德五年八月内造，金一两九钱”铭文。

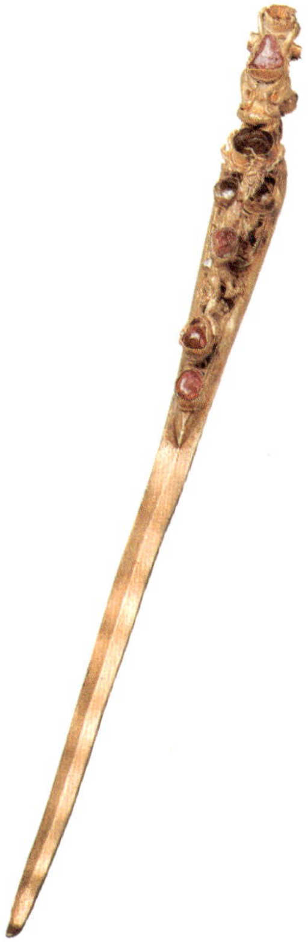

镶玉宝石二龙戏珠金簪

明（1368—1644）
长20.5厘米，宽1.5厘米
甘肃兰州出土

簪扁平，柄部为一伏龙，簪顶为龙头，与柄部伏龙头相对，作二龙戏珠状。龙身及头顶嵌红色碧玺，珠为红色宝石嵌成，发钗柄部阴刻“银作局，嘉靖四十年九月内造，金重五钱”铭文。

金凤凰

明（1368—1644）
高4.5厘米，长5.4厘米，重7.3克
甘肃兰州出土

这件金凤凰凤体与云朵系用金片捶揲而成，其外廓及鳞形羽瓣均以金掐丝技法结勒敷施。编织匀称紧凑，疏密得体。其双翼端及云头，各以金片卷焊一个筒状镶孔，内嵌红宝石。

当今中国人都喜言自己是“龙的传人”，严格地说这有点片面，因为我们同时也是“凤的传人”，龙凤结合，才是中华民族完美的象征。在华夏大地进入文明期的前夜，龙与凤（鸟）是两个影响最大、涵盖面最广的部落图腾崇拜体系。随着原始社会的日趋解体，各部落间加快了相互联系与融合的步伐，部落图腾信仰物也逐渐复合化。龙与凤便是那个时代复合图腾最典型的代表。凤的形象，有人说起源于孔雀，有人说起源于羽毛艳丽的雉，即锦鸡。其实凤是以鸟图腾部落为主体的部落联盟，吸纳了许多周围部落后，逐渐演化、变异而形成的一种复合性图腾崇拜物，它包容了许多部落的图腾特征，和龙的形象一样，它在部落联盟的精神生活与宗教生活中被神化，已非自然界的实存动物。《说文》对凤字的解说即为明证：“凤，神鸟也。天老曰：凤之象也，鸿前鳞后，蛇颈鱼尾，龙文虎背，燕颔鸡喙。五色备举。出于东方君子之国，翱翔四海之外。过昆仑，饮砥柱。濯羽弱水，暮宿风穴。见则天下大安宁。”“天老”者，传说为黄帝之史臣。是否实有其人姑且不论，《说文》引其说至少表明对凤形象复合性的认识由来已久，凤鸟兼有各种动物的部分形体，仪表华美，可以翱翔宇内，而且它的出现昭示“天下大安宁”。应特别注意“出自东方君子之国”一语。熟悉中国上古史的人都知道，五帝时代生活在沿海地区和黄河下游、以少昊为首领的东夷集团，即为最著名的鸟图腾部落。“东方君子之国”实指少昊部族领域，那里乃凤鸟的故乡。早期甲骨文中的凤字形体，即已具高冠、花翎、长尾的特点，后期才在其旁增添声符“凡”。此字确如许慎所说：“从鸟，凡声。”

正由于龙和凤是我国原始社会图腾融汇的最后结晶，具有被普遍尊崇、敬仰的群众基础，故在随后的阶级社会中，很自然地演变为吉祥神物。经久不衰的龙凤文化，成为我国艺术史和民俗史上一道亮丽的风景线。尤其是凤鸟形象，比龙形象起源更早，后来的艺术造型也更鲜明，更生动，更富于变化，它不仅被公认为女性的代表，也被公认为福瑞的象征，从而受到全社会的喜爱。帝王之后可以戴凤冠。民间妇女当然无此资格与财力，但他们可以用凤做发饰，于是社会上便流行起“凤钗”，贵族妇女尤崇尚金质凤钗。出土于兰州市上西园一座明代贵族墓葬，现藏于甘肃省博物馆的这只金凤钗，无疑是众多凤钗中的佼佼者。此钗插发的钗柱虽以断裂，但钗头之凤却保存完好，凤昂首引颈，冠羽高扬，颔羽垂拂，长尾飘曳，双足立于一朵金云之上，正展翅作飞翔状。凤体与云朵系用金片锤揲而成，其外廓及鳞形羽瓣均以累金掐丝结勒傅饰。编织匀称紧凑，疏密得体，着意表现了金凤翱翔云端的华贵气质，在其双翼末端及足前，各以金片卷焊一个筒状镶宝孔，内嵌光彩夺目的红宝石。三颗宝石相互辉映，更增强了凤钗的装饰效果，显示出明代金质工艺品的流行风格。

金龙

明（1368—1644）
长4厘米，宽2.5厘米，重9.8克
甘肃兰州出土

龙在我国传统文化中具有至高独尊的地位。它不仅被崇奉为能腾云翻海、呼风唤雨、变化莫测的神物，并被封建时代最高统治者用作自身权位的标志，他们甚至自诩为龙的化身。龙之所以具有如此尊贵的地位和威望，主要因为它是神州大地文明社会始兴期发展形成的一种涵盖面最广、影响最大的复合图腾。从黄帝时代到夏王朝产生这段时间，我国中原地区即经历着上述各主要部族大融合的过程。而龙就是那个时代形成的为各主要部族共同崇奉的复合图腾。它拥有蛇身、牛头、鹿角、马鬣、虎足、鹰爪、鳄脊、鱼鳞……龙的形象浓缩了中国文明社会形成期的图腾演变轨迹，综合了那个时代人们的思想、情感和信仰，是华夏域内各部族文化融汇的结晶，因此它也理所当然地成为中华民族的象征。

后来，虽然图腾崇拜早已退出历史舞台，中国社会制度也遵从着历史发展规律不断改革演进，但龙的神圣地位和精神力量，却在民众的共同尊仰下，被继续强化，而龙的形象也随着时代发展而被加工、被增饰、被丰富、被改造。我们只要把已知时代最早的红山文化玦状玉龙和今天的龙形象做个对比，就会知道6000年来龙的样子发生了多么大的变化，从而认识龙形象的再生力有多么强。闻一多先生说龙文化“做了我国几千年文化的核心”，一点不假。

在龙形象不断演变的漫长历程中，明代是一个非常关键的阶段，我们现今所熟悉的龙形象，基本上是在明代定型的，明代被认为是我国龙艺术的成熟期，现存的许多龙艺术造型的卓越制作，即产生于明代。明代龙体长而多姿，极讲求形态的变化，极重视对龙首的刻绘，其品字云纹尾及叶状多叉尾，其风车型展开的四爪或五爪，尤具特色。甘肃省博物馆收藏的国家一级文物中，有一对明代的金龙，其设计构思和制作技巧，均鲜明地体现了明代龙形象的风貌，颇具代表性。这对金龙造型对称，大小相同，系用细金线以掐丝、雷丝等技法编结、拧勒而成。龙首耸额巨目，鬣发飞扬，神情凶猛；龙足屈伸相应，利爪如钩，充满力度；龙身似蟠似舒，蜿蜒多态，分叉叶状尾轻轻摆动，再配以摇曳的飘带般长须，状尽飞龙腾潜自如、遨戏云海的潇洒雄姿。龙体周身鳞花历历，规整如一，尾足皆然，一丝不苟。匠师充分发挥了黄金丝坚牢而又柔韧的特性，全力表现龙身变幻无定的态势，总体的奔放不掩细节的玲珑。在如此微小的造型中，施展如此繁巧的做工，其匠心之超逸，技术之卓绝，令人叹为观止。这对金龙还有一种妙趣：不论把它怎样摆放，不论从哪个角度欣赏，它都显现一种矫健飞动之美；如将两龙交换方位，作各种相向呼应的配置，则更是风姿万种，妙趣横生，韵味无穷。明代工艺总的风格是精致、灵动、细腻，这对金龙的造型与技法，即为有力证明。

中国古代金银制作工艺

金器制作通常使用的工艺如浇铸、切削、展延、锤揲、焊接、套联、抛光、镶嵌等，但最值得称道的，是高超的叠丝镶嵌技法，叠丝是金器制作领域一种精巧繁难的成形手段，简言之即将黄金先拉成极细的丝，然后依照设计式样用金丝盘绕、叠压成器形图案。这种技法的特点是能随意表现饰件的细微部分，可以镂空，可以穿插，可以堆塑，可以粘连，成品纹样层次清晰，极具浮雕效果，本器为体积较小的坠饰，在其他技艺难以施展的微型天地内，匠师把叠丝技巧运用到了极致。不但准确地塑出千姿百态的饰件外形，而且出色地把握了各部分的协调配合和风格的统一，完成了一对赏心悦目的艺术精品，以巧夺天工誉之绝不为过。

唐代是我国金银器制作的兴盛期，由于吸收了西方的一些工艺技术和造型，唐代金银器在样式和技法上均有较大的突破。明代全面继承了唐代金银器制作的工艺成就，在叠丝技术和镶嵌技术方面，又有进一步的发展。艺术情趣更加细腻丰富，操作手段更加精密灵巧，造型设计也更加富丽华贵。

耀州窑青釉刻花五足炉

华光青釉熠辉生

全器造型别致，设计构思巧妙。既为文人挥毫必备之具，又可置案头以供观赏，大方实用，精美悦目。

这件精美的耀州窑青釉刻花五足炉圆口、大盘沿，盘面微上弧；筒状深腹，腹壁内外皆直，平底悬空；五长足，足上部大面积附撑于腹壁，足下端大角度外撇，以增强器体的稳定性。盘面饰刻花浮雕牡丹，雍容华贵，叶脉与卉纹皆秀丽清晰，线条流畅有力，充分展示了耀州窑卓越的剔瓷技艺。五足为堆塑，模制兽面，是大象的头部形象。其面部的眼、鼻、牙及鼻上的褶纹等印制非常清晰。通体施青釉，釉面匀平光洁，釉色绿中泛黄，呈现耀州青瓷的色调风格。全器造型别致，设计构思巧妙。腹深便于容水，沿阔宜于饰花，足多利于稳置。既为文人挥毫必备之具，又可置案头以供观赏，大方实用，精美悦目，堪称耀州窑制瓷工艺的上乘之作。

耀州窑青釉刻花五足炉

北宋（960—1127）
洗高7.6厘米，内口径66厘米，外口径141厘米

耀州窑青釉刻花五足炉（俯视）

耀州窑是宋代北方著名的民窑，虽不在五大名窑之列，其规模和影响却不在五窑之下。窑址在今陕西省铜川市漆水西岸的黄堡镇。该地宋代属耀州，故称耀州窑。那一带产煤及坩子土，具备建立大型瓷窑的物质条件。以黄堡镇为中心，沿漆水上下，有“十里窑场”之称。耀州窑始于唐代，当时主要烧白瓷和黑瓷，宋代改烧青瓷，兼烧酱色瓷。器型较繁，日用器皿几乎都有产出，且每类器中又能烧制多种式样，这在宋代瓷窑中较为少见，工艺特色是胎厚釉匀，拉坏技术突出，又将越窑的青碧釉色与定窑的刻花、印花装饰手法完美地结合在一起。由于胎厚，匠师可在胎面空处随意剔刻，使图案达到层次分明、立体感强的浮雕效果。耀州窑鼎盛期瓷胎变薄，但精于剔花的风格保持不变，纹饰以牡丹、莲花、菊花等花卉为主，尤以缠枝牡丹见长，也用兽禽游鱼及戏婴为饰。印花繁丽而规整，刻花刀法犀利刚劲，线条洒脱明快，艺术造诣在宋代首屈一指。由于质地、纹饰、釉色均极精美，故该窑所产瓷被地方政府选为向朝廷常年例贡的贡品。成熟期的耀州窑装饰风格，曾对邻近诸窑乃至南方部分瓷窑产生过一定影响，并形成了我国制瓷史上以耀州窑为中心的耀州窑系。

锦上添花

织锦绣绢针黹盒

此盒集织锦和刺绣于一身提高了它的艺术品位和历史价值。苇条及绸绢是易损易朽物，故此类古代箧盒今日已极其罕见。

针黹盒以苇作胎，外用绢、锦等织物，织成富丽精细、结构明快的花纹，锦上还有精美的锁绣花纹。针黹盒内装纺线锭、缠线板、线轴等，均是汉代珍贵的纺织工具。

古代妇女一般从小就接受一些关于纺织、裁剪、缝绣等方面技艺的家庭教育。这类技艺俗称“女红”，是每个妇女都应掌握的“基本功”。即使贵族阶层的妇女，虽不必从事繁重的家务劳作，但还是要会点针线活儿，哪怕仅仅是为了消遣。从事“女红”，必有一套常用的工具，如《管子·轻重乙篇》所言：“一女必有一刀、一锥、一针、一钵，然后成为女。”事实上做针线活的用具绝不止这几件，诸如剪刀、尺子、顶针、线板之类，

织锦绣绢针黹盒

西汉（前206—25）
高16.9厘米，长31厘米，盖高19.5厘米
甘肃武威磨嘴子汉墓出土

恐怕都不可缺。既有这么多工具，就需找个存放的容器，这就是古代妇女差不多人人都有的“针凿盒”。工具之外，还可放置一些绳线、花边、锦料、绢头之类。由于针凿盒是妇女们每天相伴的心爱之物，故必然被制作打扮得精美悦目。这件品位甚高的汉代针凿盒，箧胎用苇条编成，细密坚牢，盖与盒身套合无隙。盒身四周及盖之五面，用锦绢严密裱包，沿、棱处用棕色织锦缝成宽边，锦纹线条舒卷起伏，云气中点缀着小型吉祥图案；宽边之间用红色畦纹绢地刺绣补心，套绣白、绿，蓝三色草叶纹和流云纹。绢质平薄，绣工巧整，色彩柔和。盒底也包缝织锦。出土时盒内装有木锭、缠线板、针筒、纺线锭等，还有一条长长的信期绣花边。纺线锭呈簪状，一端有六轮绕线螺圈，制作精致，打磨光亮，显为墓主生前习用之物。其上所缠丝线，至今仍具光泽。

作为举世公认的丝绸故乡，我国的丝织技术早在新石器时代即已颇具水平。西安半坡遗址距今6000多年的陶器上，保留下了丝织品的印痕；浙江吴兴钱山漾遗址，曾发现用竹筐盛着的丝绢残片和人字纹细丝带，其时代距今在4700年以上。进入文明时代以后，经过了夏、商、周三代的长足进步，我国的丝织业在汉代达到空前繁荣。

汉代丝纺业除了继承、发扬战国时期已相当先进的织花技术外，又适应社会对织品的巨大需求，发明了一种花楼式束综提花机，能织出色彩更丰富、图案更复杂的锦缎。飞禽走兽、人物花卉，色彩艳丽、风姿万千的纹样，出现在平滑密致的锦面上，把丝帛坚韧光洁的质地和劳动人民无穷的艺术创造力完美地结合在一起，产品博得了全世界的赞美。先秦与两汉的织锦，大都是经线起花的，即用两组或多组不同颜色的经线同一组纬线交织，纬线有明纬和夹纬之分，用夹纬把表经和底经分隔开来，使织物正面的经线浮现点显示花纹。这件针黹盒最重要的价值，就在于它是用织锦裱装而成的，而且所用织锦平匀细密，花纹秀美，质量上乘，使我们对汉代织锦的工艺水平又加深了一层直观认识。另外，此盒的补心又使用了刺绣，这正应了“锦上添花”那句成语。刺绣是随着丝织业的发达而昌盛起来的一种家庭手工工艺，它和织锦并驾齐驱，成为华夏文明中令国人骄傲的又一道风景线。此盒集织锦和刺绣于一身，更加提高了它的艺术品位和历史价值。苇条及绸绢是易损易朽物，故此类古代针黹盒今日已极其罕见。

鹰头形青铜权杖首

王的图腾

悠久的岁月未能消蚀雄鹰桀骜的神韵，斑斓的锈色又给它增添了新的艺术魅力。

杖首制作者以极其夸张的艺术手法，塑造了雄鹰的头部形象，特别突出了圆睁的巨目和硕大的弯喙，着力表现鹰的锐敏视觉和攻啄习性。勾云状耳与鳞形羽瓣，则线条简捷，不作精镂细雕。以鹰颈为圆銎，上细下粗，呈喇叭口状，顶部透穿；颈两侧又有对称的方孔，采用竖銎与横穿结合的方式，固定鹰首于杖端，以防脱落。造型生动且富有情趣，轮廓圆浑却不失力度，是个性非常鲜明的青铜饰件。铜质也颇精纯，铸造工艺相当熟巧，虽历时已两千余年，保存依然完好。

原始社会的部落首领乃至氏族酋长，手中常执权杖，以作为其身份、地位与威严的表征。青铜权杖首在甘青地区多有出土。这种习俗，可能起

鹰头形青铜权杖首

春秋-战国（前770—前221）
高5.5厘米，宽5.2厘米
甘肃永登榆树沟沙井文化遗址出土

源于远古时代部族的图腾崇拜。权杖杖首以部族所崇奉、敬畏的图腾物为饰，实乃由图腾柱演化而出的派生物。我国史前社会以鸟为图腾的部族最为众多，分布也最为广泛。他们不一定是彼此有血缘族属关系的统一群体，其各自崇拜的鸟类也不相同，但用所尊奉的鸟形象做杖首的风习，在各地都不乏其例。有些鸟图腾部族，因其文化先进，势力强盛，其权杖习俗影响特大，延至文明社会竟演变、异化成一种具有政治伦理性质的制度。如盛行于周代而在两汉获得进一步发展的“七十授鸠杖”的尊老制度，即与五帝时代东夷少昊集团中崇鸠部族的吕盛有渊源关系。此种习俗，不独存在于西亚，在世界各地的史前社会中都能找到踪迹。

权杖的使用，在北方游牧民族中保留的时间较长。甘肃中部为我国古代草原文化圈的西南边沿，起于古临洮（今岷县）沿洮河北上至狄道（今临洮）再折而东北入宁夏的秦长城，便是一种有力的昭示。永登位处秦长城之外，历来被视为河西走廊的东口。在先秦，那一带一直是以游牧及骑猎为基本生活方式的月氏、匈奴等族的活动地域（至西汉武帝时打败匈奴，控制了河西走廊后，今永登境内方开始有行政建置）。从考古文化角度说，这里又正是以畜牧业为主要经济形态的沙井文化分布区。鹰是翱翔在草原上空的一种猛禽，为草原居民所习见。雄鹰搏击长空的矫健身影，其远距离察知猎物的锐敏视觉，以及桀骜而又精警的气质，肯定给草原居民以深刻的印象。所以，游牧、骑猎民族中，多有以鹰为崇拜偶像者，用鹰头来装饰杖首，自在情理之中。出土于永登境内的这件鹰头形青铜杖首，可能即属草原文化体系的牧猎民族的文化遗存。